幸福职教

快乐阅读

王文举　周明贤　主　编
孟　英　陈　超　李瑞双　副主编

人民交通出版社股份有限公司
China Communications Press Co.,Ltd.

内容提要

本书内容包括幸福篇、爱国篇、追求篇、时光篇、勤学篇、感恩篇、感怀篇、哲思篇、四季篇、讽喻篇、修身篇11个系列，共91篇文章。

本书可供中等职业技术学校学生使用，既可作为教材，也可作为课外阅读辅助读本。

图书在版编目(CIP)数据

快乐阅读 / 王文举，周明贤主编. — 北京 ：人民交通出版社股份有限公司，2018.1

ISBN 978-7-114-14593-3

Ⅰ. ①快… Ⅱ. ①王… ②周… Ⅲ. ①阅读课－中等专业学校－教材 Ⅳ. ①G634.331

中国版本图书馆 CIP 数据核字(2018)第050251号

Kuaile Yuedu

书　　名：快乐阅读

著 作 者：王文举　周明贤

责任编辑：刘　博

责任校对：宿秀英

责任印制：张　凯

出版发行：人民交通出版社股份有限公司

地　　址：(100011)北京市朝阳区安定门外外馆斜街3号

网　　址：http://www.ccpress.com.cn

销售电话：(010)59757973

总 经 销：人民交通出版社股份有限公司发行部

经　　销：各地新华书店

印　　刷：北京鑫正大印刷有限公司

开　　本：720×960　1/16

印　　张：16.5

字　　数：293千

版　　次：2018年1月　第1版

印　　次：2018年1月　第1次印刷

书　　号：ISBN 978-7-114-14593-3

定　　价：45.00元

(有印刷、装订质量问题的图书由本公司负责调换)

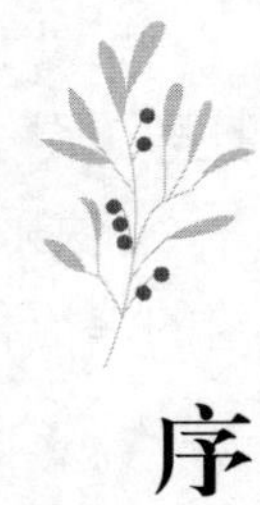

序

在完成国家级首批示范校建设后，长春职业技术学校又以极其敏锐的战略思维和高度的教育使命感，提出了创建“幸福职教，全国名校”的宏伟目标。

什么是幸福？对这个问题的理解可谓智者见智，仁者见仁，但我们无法否认的是：幸福是来源于意识层面的一种感知，是发自于心灵深处的一种感动，是一种无声的渗透和流露。基于这一点，应该说提出创建“幸福职教”这个目标是大胆的，是极具探索性和挑战性的。长春职业技术学校的人们勇敢地扛起了这副重担，步履铿锵地踏上了实现“幸福职教”的征程。他们励精图治，锐意创新，取得了丰硕的成果。《快乐阅读》读本便是其中之一。

读《快乐阅读》初稿，我便被感动了，既为该书的编者，也为该书的内容。

首先，该书打破普通读本的编写体例，采用了更加人性化的编写方式，根据选文的内容、作者的创作意图以及试图弘扬的思想，将选文归类分篇，即：幸福篇、爱国篇、追求篇、时光篇、勤学篇、感恩篇、感怀篇、哲思篇、四季篇、讽喻篇、修身篇。这样的体例清晰明了、爽心悦目，给读者以启发。尤其对中职学生而言，阅读时不会感到吃力和茫然，也不会为难以理解文中所云而苦闷和气馁，因此，我认为这才是真正意义上的“快乐阅读”。而编者如此用心的编写，也确实是一种为阅读者“创设幸福”的义举。

其次，该书的内容涉及面广，可谓俯仰天地，窥视古今，并且知识性、趣味性兼顾。尤其可贵的是，编者在让阅读者享受阅读快乐的同时，将德教春风化雨般地渗透在阅读者的心田，让阅读者有幸福感、家国情、人类爱和崇高心。

另外,该书文后"指点迷津"的编写也是可圈可点,不仅知识涵盖全面,而且导读得法,定位准确,确实能为阅读者起到指点迷津的作用。

《快乐阅读》是一本很精彩的书,希望阅读者能喜爱它,并从中得到编者希望的幸福和快乐。

于志晶

2017 年 12 月

前　言

阅读是生活，阅读是生命，阅读是人生。阅读，是与大师对话，与圣哲交流，是心与心之间最不掩饰的深度沟通。

在每个人成长的岁月里，有阅读相伴，生活会充实；有阅读相伴，生命会富有；有阅读相伴，人生会快乐幸福。

透过薄薄的书页，你会俯仰大地与蓝天，遥望苍山和大海；倾听诸子的唇枪舌剑，战场的鼓角争鸣；你会领略“风骚”古韵，唐宋炫歌；感受魏晋风骨，明清气象；你会与鲁迅一起呐喊，与老舍一起感怀，与柯罗连柯一起追求，与培根一起谈读书……

人类的这条阅读长河啊，滋养了世世代代人。在你如花的人生季节里，请畅游在这条阅读长河吧！于校园幽静处、晨曦微露时，抑或是自修室的灯影里、廊壁旁，快乐地阅读。让文学大师美妙的篇章温润你的心田，让圣哲深邃的思想滋养你的精神，让先贤精辟的学说塑造你的灵魂。让阅读放飞你青春的心，翱翔远方！

杨绛先生说：“读书，正是为了遇见更好的自己。喜欢读书，就等于把生活中寂寞的辰光换成巨大享受的时刻。”是的，为了你的健康成长，为了你的快乐幸福，为了养成你的阅读兴趣和良好的阅读习惯，我们精心编写了这本《快乐阅读》读本。

《快乐阅读》读本在编写理念和内容设计上，始终坚持“快乐为本，兴趣为要”的原则，激发学习兴趣，“快乐学习，学习快乐”，自觉接受优秀文化的熏陶，提高思想品德修养和审美情趣，将为你打开一个全新的阅读世界。

让我们相约走进这块色彩缤纷的芳草园，嗅着芬芳，观赏美景，采撷奇葩，感受幸福和快乐！

本书由王文举、周明贤主编，孟英、陈超、李瑞双副主编，崔艳梅、王卓参加了编写工作。编写过程中，得到了学校领导的悉心指导和大力支持，由于编者水平有限，加之时间仓促，书中难免存在着错误和不足，恳请从事职业教育的专家、教师及读者批评指正，在此深表谢意！

编　者

2017 年 12 月

目 录

幸福篇

孔子语录(节选) ……………………………………………《论语》(3)
幸福 ……………………………………………〔法国〕莫泊桑(5)
生如夏花 ……………………………………〔印度〕泰戈尔(11)
过年 ……………………………………………………… 老舍(14)
我的理想家庭 ………………………………………… 老舍(17)
幸福是什么 ……………………〔保加利亚〕埃林·彼林(19)
幸福的家庭 …………………………………………… 鲁迅(22)
生活在大自然的怀抱里 ……………………〔法国〕卢梭(28)
你是我不可缺少的幸福 ……………………………… 萧红(31)
真实的幸福究竟是什么呢 ……………〔法国〕莫洛阿(35)
论幸福 ………………………………………〔法国〕莫洛阿(37)
为什么幸福总是有限的 ………………〔德国〕叔本华(39)
笑 …………………………………………………… 林徽因(42)

爱国篇

少年中国说(节选) ……………………………………… 梁启超(45)

可爱的中国(节选) …………………………………… 方志敏(47)
故都的秋 …………………………………………… 郁达夫(51)
一句话 ……………………………………………… 闻一多(54)
国殇 ………………………………………………… 屈原(56)
从军行 ……………………………………………… 王昌龄(58)
水龙吟·登建康赏心亭 …………………………… 辛弃疾(59)
病起书怀 …………………………………………… 陆游(61)
过零丁洋 …………………………………………… 文天祥(63)

追求篇

火光 ………………………………………〔俄国〕柯罗连科(67)
向日葵 ……………………………………〔墨西哥〕博里奥(69)
观沧海 ……………………………………………… 曹操(71)
望岳 ………………………………………………… 杜甫(73)
门槛 ………………………………………〔俄国〕屠格涅夫(75)
鹰之歌 ……………………………………〔苏联〕高尔基(77)
二十年后 …………………………………〔美国〕欧·亨利(80)

时光篇

匆匆 ………………………………………………… 朱自清(85)
努力 ………………………………………………… 陶行知(87)
长歌行 ……………………………………………《乐府诗集》(89)
时钟 ………………………………………〔苏联〕高尔基(90)
生命的三分之一 …………………………………… 邓拓(95)

勤学篇

师旷论学 …………………………………………………… 刘向(99)
董遇"三余"读书 ………………………………………… 鱼豢(100)
终身做科学实验的爱迪生……………………………………… 胡适(101)
成功的秘诀 ……………………………………〔奥地利〕茨威格(104)
谈读书 …………………………………………………〔英国〕培根(107)
我的早年生活 ……………………………………〔英国〕丘吉尔(109)

感恩篇

我的母亲…………………………………………………… 老舍(115)
背影……………………………………………………… 朱自清(119)
母亲(节选) ……………………………………〔苏联〕高尔基(121)
金色花 ……………………………………………〔印度〕泰戈尔(124)
我的母亲…………………………………………………… 胡适(126)
我们是怎样度过母亲节的 ………………………〔加拿大〕里柯克(130)

感怀篇

当时光已逝 ………………………………………〔印度〕泰戈尔(137)
又是一年芳草绿………………………………………………… 老舍(138)
瓦尔登湖 ……………………………………………〔美国〕梭罗(142)
麦琪的礼物 ………………………………………〔美国〕欧·亨利(148)
想飞…………………………………………………………… 徐志摩(153)
秋林晚步……………………………………………………… 王统照(157)
夏夜…………………………………………………………… 萧红(159)

秋声赋……………………………………………………… 欧阳修(162)

哲思篇

老子(节选) ………………………………………………… 老子(167)
孔夫子的箴言 ……………………………………〔德国〕席勒(169)
论称誉 …………………………………………………〔英国〕培根(171)
对乖男孩、乖女孩的忠告 ………………〔美国〕马克·吐温(173)
沉默……………………………………………………… 朱自清(175)
忆马克思(节选) ………………………………〔法国〕拉法格(178)

四季篇

和晋陵陆丞早春游望………………………………… 杜审言(183)
咏柳……………………………………………………… 贺知章(185)
惠崇春江晚景………………………………………………… 苏轼(187)
游园不值…………………………………………………… 叶绍翁(189)
春底林野…………………………………………………… 许地山(190)
窗外的春光………………………………………………… 庐隐(192)
花潮……………………………………………………… 李广田(195)
扬州的夏日………………………………………………… 朱自清(199)
五月的青岛………………………………………………… 老舍(202)
泉城秋色…………………………………………………… 刘鹗(204)
济南的冬天………………………………………………… 老舍(205)
雪夜 ………………………………………………〔法国〕莫泊桑(207)
四季的情趣 ……………………………………〔日本〕宫城道雄(209)

讽喻篇

伐檀 ……………………………………………《诗经》(217)
秦中吟·买花…………………………………… 白居易(219)
忙………………………………………………… 老舍(220)
聪明人和傻子和奴才…………………………… 鲁迅(222)
求乞者…………………………………………… 鲁迅(225)
警察与赞美诗 …………………………〔美国〕欧·亨利(227)

修身篇

论语(节选) ………………………………………《论语》(235)
修身(节选) ……………………………………… 荀子(236)
礼记·大学(节选) ……………………………《礼记》(238)
爱莲说………………………………………… 周敦颐(240)

附　弟子规…………………………………… 李毓秀(242)

幸福篇

举目蓝天,俯瞰大地,沐浴春风,聆听细雨,嗅一缕花香,品一杯清茗……我们会大声地说“我很幸福”。那么,什么是幸福,我们应该怎样去感受幸福呢?

幸福珍藏在我们每个人宁静和谐的生活中,存在于看似细小的事物里……

孔子语录(节选)

《论语》

一

子曰:“学而时习之,不亦说乎;有朋自远方来,不亦乐乎;人不知而不愠,不亦君子乎?”

(孔子说:“学习之后又时常温习和练习,不是很愉快吗?有志同道合的人从远方来,不是很令人高兴吗?人家不了解我,我也不怨恨、恼怒,不也是一个有德的君子吗?”)

二

子曰:“仁者不忧,智者不惑,勇者不惧。”

(孔子说:“有智慧的人不会疑惑,有仁爱心的人不会忧愁,有勇气的人不会产生畏惧的心理。”)

三

叶公问孔子于子路,子路不对,子曰:“女奚不曰,其为人也,发愤忘食,乐以忘忧,不知老之将至云耳。”

(叶公向子路询问孔子是什么样的人,子路不知道怎样回答。孔子说:“你为什么不这样回答,他发愤用功的时候,可以忘记吃饭,我快乐的时候,就忘了忧愁,在这样快乐的人生里,连自己的生命老去都忘记了。”)

四

子贡问孔子,曰:“贫而无谄,富而无骄,何如?”子曰:“可也,未若贫而乐,富而好礼者也。”

（子贡问孔子：“一个人贫贱，但不向富人献媚，一个人富贵，但不盛气凌人，这个人怎么样啊？”孔子说，“已经不错了，但一个人最高的境界是贫贱的时候，能安于快乐，在富贵的时候，对人彬彬有礼、遵守法度。”）

五

子曰：“饮疏食，饮水，曲肱而枕之，乐在其中矣。不义而富且贵，于我如浮云。”

（孔子说：“吃粗粮，喝冷水，用胳膊做枕头，也是乐在其中。用不正当的手段使自己富贵，这对我如同浮云一般。”）

六

子曰：贤哉，回也，一箪食，一瓢饮，在陋巷，人不堪其忧，回也不改其乐，贤哉，回也！”

（孔子说：“颜回，贤德啊，吃的是一小筐饭，喝的是一瓢水，住在穷陋的小房中，别人都受不了这种贫苦，颜回却仍然不改变向道的乐趣．颜回，贤德啊！”）

指点迷津

《论语》是记录春秋时期思想家兼教育家孔子及其弟子言行的著作，又被简称为论、语、传、记，是儒家重要的经典之一。《十三经》之一，共20卷。论语以记言为主，对话众多，着重挑选具有教育意义的对话言论。论是选择、探讨、交流的意思，语是话语。汉武帝时期，董仲舒建议汉武帝采纳儒家思想，“罢黜百家，独尊儒术”，《论语》开始被奉为经典著作。

孔子被人们尊为“圣人”，他在人们心目中的形象常常是古板的。实则不然，他是实实在在的乐天派，是中国最早创造快乐哲学的人，一部《论语》，其终究目的，是建立人类幸福，因而《论语》是一部探讨人生幸福的学问。但是在论语中，没有“幸福”这个词汇，而处处可见一个“乐”字。幸福是内在的心理状态，乐是幸福的外在表现。节选“六则”是孔子在《论语》一书中流露出来的幸福观。这种幸福观是朴素的，也是有境界的。学习与实践是快乐的，勤奋是快乐的，俭朴是快乐的，仁爱是快乐的，不忘其志是快乐的。孔子是智者，他的幸福观也充满了大智慧。

幸 福

〔法国〕莫泊桑

这是在上灯前喝茶的时候。别墅俯瞰着大海;太阳已经落山,留下满天的红霞,而且好像撒上了一层金粉。地中海上风平浪静,那平坦的海面在即将逝去的日光下闪闪发亮,看上去如同一块奇大无比的、光滑的金属板。

远远的,在右边,那些锯齿形的山峰在淡红色的晚霞里显露出它们黑魆魆的身影。

大家谈到了爱情,议论这个老题目,谈的都是那些老生常谈的事情。黄昏的淡淡的忧郁气氛使谈话变得很温和,使一个个人心情都很激动。"爱情"这个词儿不断地重复出现,时而由一个洪亮的男嗓音说出来,时而由一个轻快的女嗓音说出来,仿佛充满在这间小客厅里,像鸟儿似的飞翔,像幽灵似的盘旋。

一个人能够持续不断地爱许多年吗?

"是的。"有人这么肯定。

"不。"也有人这么断言。

他们区别一些不同情况,划清一些界限,举出一些例子。每一个人,不论男女,都充满了回忆,那些使人烦乱的回忆纷至沓来,尽管到了嘴边,却不能说出口,加以引用,因而弄得他们看上去好像十分激动,带着深刻的情绪和强烈的兴趣谈论这件既平凡而又高尚的事——两个人之间的神秘的感情结合。

但是突然有一个人,他眼睛望远处,嚷了起来:

"啊! 瞧,那边,那是什么?"

在远在天边的海面上浮现出一团灰色的东西,体积庞大,模糊不清。

女人们站起来,困惑不解地望着她们从没见过的这样惊人的东西。

有人说:"这是科西嘉岛! 每年在某些特殊的气候条件下,空气清澈透明,没有经常笼罩着远处的那种水蒸气形成的雾霭,就可以看到它两三次。"

山脊隐隐约约可以辨认出来,甚至还有人以为看到了山峰上的积雪。这次意外地出现了一个世界,这个从海里钻出来的幽灵使所有的人都感到惊讶,感到不安,几乎还感到了恐惧。那些像哥伦布一样到未经勘探过的海洋去旅行的人,说不定会见到这样的奇景。

这时候有一位还没有开过口的老先生说:

“瞧,这个岛出现在我们面前,好像是为了用它自身来回答我们谈论的问题,使我想起了一件离奇的往事。我曾经在这个岛上看到过一个忠贞不渝的爱情例子,令人难以置信的幸福的爱情的例子。这是个非常了不起的例子”。

请各位听听吧:

五年以前我到科西嘉去旅行。这个蛮荒的岛屿对我们说来,比美洲还要陌生,还要遥远,虽然在法国的海岸有时候能像今天这样看见它。

请你们想象一个还处在混沌状态中的世界吧!除了山就是山,山与山之间是狭窄的沟壑,里面淌着湍急的流水,没有一片平原,只有像巨大的波涛似的花岗岩,和起伏很大的土地,土地上覆盖着灌木林或者栗树林和松树林。这是一块没有耕种过的、荒凉的处女地,虽然有时候也可以看到一个村庄,看上去就像山顶上的一堆岩石。没有农业,没有工业,没有艺术。你永远不会遇到一块加工过的木头、一片雕刻过的石头,永远不会遇到一样纪念品,说明祖先们对优雅美丽的事物的幼稚的或者是高雅的爱好。对迷人的形式的追求,我们称之为艺术;在这块景色壮丽而又严峻的地方,最使人感到惊讶的,正是世代相传的对这种追求的冷漠态度。

在意大利,每一座充满杰作的宫殿本身就是一件杰作;大理石、木头、铜、铁、金属和石头都证明了人类的才华;在老房子里放着的那些古老的东西,哪怕是最小的,都显示出这种对美的无比崇高的企求。意大利对我们每个人来说都是神圣的祖国,我们爱它,是因为它向我们展示了,向我们证明了具有创造性的智慧的努力、伟大、威力和胜利。

在它的对面正是蛮荒的科西嘉,简直就像还停留在当初刚降生的时代。那儿的人住着粗糙简陋的房子,凡是与自己的生活或者与自己家族的纠纷无关的事,都不关心。他们继续保留着缺少教养的民族的缺点和优点,他们暴躁,好记恨,无意识地残忍凶暴,但是他们也好客,慷慨,忠诚,单纯;他们打开门欢迎每一个过路的人,哪怕是一丁点儿同情他们的表示,他们都愿意用真诚的友谊来报答。

唔,我在这个景色壮丽的岛上漫游了一个月,感到好像是到了世界的尽头。没有旅店,没有酒馆,没有公路。你沿着骡子走的小道来到那些挂在半山腰、面临弯弯曲曲的深渊的村庄;到了晚上可以听见从深渊里传上来的连续不断的响声,那是急流的低沉、深长的响声。你敲敲那些房子的大门。你要求让你留宿一夜或供你吃到第二天。你坐下来吃那简单的饭菜。你睡在简陋的房子里。到了早上,你握住主人伸出的手告别,他一直把你送到村边。

后来,有一天在走了十个钟头的路程以后,傍晚来到了一所孤零零的小房子跟前。这所房子在一条狭窄的山谷里,山谷在一法里以外通到大海。两道陡峭的山坡上覆满丛林、坍落的岩石和大树,像两堵阴暗的墙锁住这凄凉悲惨的沟壑。

茅屋的周围有几株葡萄,一片小园子,再远些有几株高大的栗树;总而言之,吃的有了,对这个穷地方来说这算是一笔财产了。

接待我的那个女人已经上了年纪,态度庄严,衣衫整洁,这在当地是少见的。男的坐在一把草椅子上,立起来向我行礼,然后又坐下来,没有说一句话。他的老伴儿对我说:

"请您原谅他;他的耳朵现在聋了。他今年八十二岁。"

她说的是纯正的法语。我感到惊奇。

我问她:"您不是科西嘉人?"

她回答:"不是,我们是大陆上的人。不过我们住在这儿已经有五十年了。"

想到在这个远离热闹的城市、凄凄凉凉的角落里度过的这五十个年头,我不由得感到了不安和恐惧。一个老牧羊人回来了,大家开始吃只有一道菜的晚饭,是用土豆、肥肉和白菜放在一起熬的浓汤。

这顿简单的饭很快吃完以后,我来到门外坐下,望着阴郁的景色,我的心由于景色的凄凉而揪紧了,出门人在愁闷的傍晚,在荒凉的地方,往往会感到忧伤,我的心里这时也感到了忧伤。就好像生活、世界,一切一切都快要结束了。你突然一下子看见了可怕的人生苦难,离群独居,一无所有,难以忍受的内心孤独,一直到死都靠着梦想来自我安慰和自我欺骗。

老妇人来到我跟前。即使是最听天由命的人,心灵深处也还有着好奇心,她正是在这种好奇心的折磨下,问道:"您是从法国来的吗?"

"是的,我出来游山玩水。"

"您也许是从巴黎来的吧?"

"我是从南锡来的。"

我觉着她好像非常激动。这一点我是怎样看出或者不如说是怎样感觉出来的,可就说不来了。

她慢吞吞地跟着说了一遍：

“您是从南锡来的？”

那个男的出现在门口，像所有聋子一样，脸上毫无表情。

她接着说：“没关系。他听不见。”过了几秒钟以后她又说：

“这么说，您认识南锡的人了？”

“当然，差不多所有的人我都认识。”

“圣阿莱兹家的人认识吗？”

“认识，而且很熟，他们是家父的朋友。”

“请问您贵姓？”

我说了我姓什么。她聚精会神地望着我，然后用回忆起往事时的那种低低的声音说：

“对，对，我记起来了。布里瑟玛尔一家子，他们现在怎么样了？”

“全都死了。”

“啊！西尔蒙一家子，您认识吗？”

“认识，最小的一个现在当将军了。”

这时候她激动，她苦恼，她有了我也说不清是怎样的一种强烈、神圣的混乱感情，她有了我也说不清是怎样的一种需要，需要承认出来，需要说出一切，需要谈谈她一直闷在心底里的那些事，还有那些提起名字就会扰乱她内心平静的人。因此她浑身哆嗦着说：

“是的，亨利·德·西尔蒙，我知道他。他是我的弟弟。”

我大吃一惊，抬起头来望着她，猛然间我想起了一件事。

从前发生过一件轰动整个洛林贵族阶层的大事。一个年轻姑娘，又美丽，又有钱，叫苏姗娜·德·西尔蒙，被她父亲指挥的那个团里的一个轻骑兵士官拐走了。

这个引诱团长女儿的士官，是个英俊的小伙子，虽然是农家子弟，但是穿起骑兵的蓝色短军服显得非常神气。大概是骑兵队伍经过时，她看见了他，注意了他，并且爱上了他。但是她怎么跟他说话，他们又怎么能够见面，互相约定呢？她怎么敢让他明白她爱他呢？这个就从来没有人知道了。

没有引起丝毫猜测，也没有引起丝毫怀疑。一天晚上，那个当兵的刚服役期满，就跟她一起不见了。到处寻找他们，但是没有能够找到。从此以后再也没有得到他们的消息，大家都以为她已经死了。

没想到我却在这个阴森可怕的山谷里遇到了她。

于是轮到我说了:“是的,我记起来了。您是苏姗娜小姐。”

她点了点头。泪珠从她的眼睛里滚下来。接着她朝呆坐在茅屋门口的那个老人望望,对我说:

“就是他。”

我明白了她仍旧爱着他,她仍旧用迷恋的眼光望着他。

我问:“至少您过去幸福吧?”

她用发自内心深处的声音回答:

“啊!是的,很幸福。他曾经使我很幸福。我从来没有后悔过。”

我凝视着她,既感到悲哀和意外,也对爱情威力之大感到惊异!这个富贵人家的姑娘跟随了这个男人,这个农民。她自己也变成了一个农民。她接受了他的那种没有魅力、没有奢华、没有任何一种雅致考究的生活,她适应了他的简朴的习惯。她仍旧爱他。她变成了一个戴着便帽、穿着布裙子的乡下女人。她在白木桌子前,坐在草椅子上,用一只瓦盆子吃白菜、土豆加肥猪肉熬的汤。她挨着他睡在一条草垫上。

她除了他从来没有想过别的!她并不惋惜首饰、丝绸、优雅、柔软的座椅、四面张着帷幔的香暖的房间,以及身子钻进去后可以得到舒适的休息的鸭绒被。她除了他什么也不需要;只要有他在身边,她什么也不求了。

她年纪轻轻就放弃了生活,放弃了世界和曾经养育过她、爱过她的那些人。她单独一个人跟他来到这个蛮荒的山谷里。对她来说,他就是一切,就是一个人所能要求的一切,所能梦想的一切,所能无限希望的一切。他使得她的一生从开始到结束都充满了幸福。

她不可能更幸福了。

这一整夜我听着那个老兵的嘶哑鼾声,他躺在简陋的床上,身边是跟着他来到这个如此遥远地方的女人。我一边听一边想着这段离奇而简单的故事,想着这个幸福,它如此充实完美而它的要求又如此之少。

太阳出来了,我握过这一对老夫妻的手以后就动身了。

说故事的人闭上了嘴。有一个女人说:

“不管怎么说,她的理想太鄙下,她的需要太粗俗,她的要求太简单。这只可能是个傻子。”

另外一个女人慢吞吞地说:“有什么关系,只要她幸福。”

那边,在远远的天边,科西嘉消失在黑夜中,慢慢地回到大海里,抹去了它那巨大的身影，好像刚才是为了亲自来叙述在它岸上居住着的一对谦卑的情人的故事，才特地显露出来的。

指点迷津

莫泊桑(1850—1893)，是19世纪末法国著名批判现实主义作家，以340余篇的创作量和炉火纯青的艺术造诣，被全世界读者公认为“短篇小说之王”，与美国短篇小说巨匠马克吐温和欧亨利、俄国短篇小说大师契诃夫并称“世界四大短篇小说家”。法国作家左拉这样赞誉莫泊桑的小说：“他的作品可以笑。可以哭，但永远发人深思”。

本篇小说讲述的是为了爱情抛弃豪华生活的富家女——苏珊娜，跟着一个穷士兵，来到偏僻荒凉的岛屿上生活了五十年，无论富贵贫贱、无论生老病死，都对这个她爱的男人不离不弃的故事。一间小破屋凝聚了幸福、一张简陋的小破床凝聚了幸福、一顿没有多少肉的白菜汤也凝聚了浓浓的幸福味道，只要有他在的日子就是幸福。就如一首歌所唱的：我能想到最浪漫的是，就是和你一起慢慢变老，直到我们老得哪儿也去不了，你还依然把我当成手心里的宝！读完这个故事，你是否在深思：在这个越来越浮躁追求物质生活的社会，我们是否应该重新审视我们的幸福观？真正的幸福究竟在哪里？

生如夏花

〔印度〕泰戈尔

生命，一次又一次轻薄过
轻狂不知疲倦
——题记

一

我听见回声，来自山谷和心间
以寂寞的镰刀收割空旷的灵魂
不断地重复决绝，又重复幸福
终有绿洲摇曳在沙漠
我相信自己
生来如同璀璨的夏日之花
不凋不败，妖冶如火
承受心跳的负荷和呼吸的累赘
乐此不疲

二

我听见音乐，来自月光和胴体
辅极端的诱饵捕获缥渺的唯美
一生充盈着激烈，又充盈着纯然
总有回忆贯穿于世间
死时如同静美的秋日落叶
不盛不乱，姿态如烟

即便枯萎也保留丰肌清骨的傲然
玄之又玄

三

我听见爱情,我相信爱情
爱情是一潭挣扎的蓝藻
如同一阵凄微的风
穿过我失血的静脉
驻守岁月的信念

四

我相信一切能够听见
甚至预见离散,遇见另一个自己
而有些瞬间无法把握
任凭东走西顾,逝去的必然不返
请看我头置簪花,一路走来一路盛开
频频遗漏一些,又深陷风霜雨雪的感动

五

般若波罗蜜,一声一声
生如夏花,死如秋叶
还在乎拥有什么

指点迷津

泰戈尔(1861—1941),印度著名诗人、文学家、社会活动家、哲学家和民族主义者。1913年,他以《吉檀迦利》成为第一位获得诺贝尔文学奖的亚洲人。他的诗中含有深刻的宗教和哲学见解,泰戈尔的诗在印度享有史诗的地位,代表作有《飞鸟集》《四个人》《家庭与世界》《园丁集》《新月集》《最后的诗篇》《戈拉》《文明的危机》等。

因为生,我们就注定走不出尘世,而尘世注定有人的存在,有人便一定有爱恨情愁,谁可以真正摆脱,可以全身而退?既然如此,何不让生如夏花一般绚烂,因为生不仅仅是生命的存在,因生而存在的情感太多太多。当你真正可以绚烂而生时,会不经意中发现,原来自己是幸福的。那曾经的痛只是一段美丽的记忆,也是自己成熟的足迹。我们无法不相遇,便无法逃避那种默契,人生也绝不会只如初相遇,美丽的故事往往会是一个悲剧。生绚烂,爱亦绚烂,尽管最后一切如烟!

一生漫长而又短暂,相陪走过一生的其实只有自己,从生的那一刻到死的那一刻,那些曾经陪我们走过一程的人,是那么的值得珍惜,因为他们让我经历了世间所有的情感,血浓于水的亲情,志同道合的友情,相携相伴的爱情。无论有过多少的悲欢离合,多少的无奈缱绻,我们都拥有过那份情感。如此丰富的拥有,还不足以让我们的生如夏花一般绚烂吗?

过 年

老 舍

最令人怀念的,还是小时候过的年。

早起拉开窗帘举目望去,一夜之间,外面已成了银装素裹的世界。今年冬天雪下得少,似乎缺了一点气氛。这场雪的到来,提示着人们,年已经不远了。是啊,又要过年了,甚至能看到被大雪压弯的树枝也在抖动着春的喜悦。

过年,在感觉中已经有些遥远,甚至没有太多的期盼。在繁忙的都市里,在行色匆匆的人群中,年味越来越淡,有的时候马上过年了,才想起来。最令自己怀念的,还是小时候过的年,虽然那是些久远的回忆,但一切又都是那样鲜活。

我的老家在农村。一到腊月,年的气氛就浓起来了。在村里的供销社,购年货的人络绎不绝。那些传统的年画给我留下了深刻的印象,现在想起来是依然漂亮,那厚厚的纸,散发着油墨的芳香,在幼小的心灵里,已经把它当作是年的象征。

北方的腊八,是一年中最冷的时候。它的特殊意义在于向年又近了一步。每天天没亮就会醒来,一想到要过年了,兴奋的睡不着。村里的老人们开始对小孩子们说:“小孩小孩你别馋,过了腊八就过年。小孩小孩你别哭,过了腊八就杀猪。”孩子们嘻笑着、欢呼着,跑走了。那个时候,并不是所有的人家都能杀得起年猪。而杀了猪的人家都要安排一顿饭,招待一下村邻亲戚。我们这些小孩子吃不了多少肉,就是图个热闹,屋里屋外的乱窜。

那个年月伙食很差,平时就是苞米面饼子、小米饭,连面食也吃不到。所以过年对于我们小孩子来说那是个解馋的好机会。除夕的前几天,母亲便开始忙着蒸年糕、蒸馒头,前一天才会用大锅炖肉。我则在站在锅台边,紧紧地盯着锅,闻着那飘出的香气,不知不觉着唾液已经流了下来。母亲在旁边看了,便会掀开锅盖,用筷子扎出一小块肉放在碗里,我伸手就拿,顾不上烫嘴,狠狠地咬下去。

我喜欢啃冻梨,吃时发出的“沙沙”声,那白白的梨肉带来的酸甜,总让我回味不尽。当然,也只有过年时才能买梨吃。有一件小事很是难忘:那次母亲买来了冻梨,放在了储存杂物的仓房里。我便偷偷地盯着她,直到她进了屋子。我一溜小跑来到门前,小心翼翼地打开仓门,钻了进去,把门关好,掏了一个梨子就啃。不一会儿母亲进来取东西,一下子看到了我,我竟然有些不好意思,她却笑了笑,拍了拍我的头,没有说什么。吃晚饭的时候,弟弟还在问母亲:“梨什么时候买啊?”我在心里说:哈,我已经先尝到了。

对联也是过年不可缺少的重要物品。那时候的对联和现在不同,都是买来大红纸请人手写的。父亲的书法很好,是我们村里知名的先生,所以到我家来求父亲写对联的人都排成了队,过年的这两天是父亲最忙碌的时候。我在旁边看着那黑亮亮的毛笔字写在红纸上,有说不出的羡慕。当红红的对联贴到墙上门上,那个喜庆啊,年的气氛立刻就出来了。

小时候的我喜欢穿新衣服。除夕的头天晚上我会把新衣服拿出来,翻过来掉过去地看,想象着明天就要穿上了,那个高兴啊。一年到头能穿新衣服的时候是很少的,一般都要到过年。睡前早早地把小脚洗干净,把新鞋、新袜摆在枕边看着,后来就睡着了。有时会做梦,虽然不知道自己当时的表情,但小脸上肯定带着甜甜笑意。

除夕也叫年三十,家家张灯结彩,人人喜气洋洋。在那个年月,恐怕只有在过年的时候才能看到大伙的脸上洋溢的笑容。除夕一大早,我就被鞭炮声从睡梦中惊醒。父亲也会在我们的耳边说,快起床吧,过年了,早点放鞭炮。我们便一咕噜地爬起来,穿好新衣服、新鞋,跑到外面放鞭炮。然后等待我们的便是饭桌上香喷喷的饺子了。

我们北方过年的高潮是除夕之夜,最重要的活动叫发纸,一般都是在子时,也就是二十三点到凌晨一点。传说那时候南天门会打开,天上的神仙会鱼贯地下到人间,所以各家有供奉神灵的,都要出去“请”。当然,也有的人说,相当有“福气”的人会看到南天门开,那样的人以后一定会享受荣华富贵,只是没有人能证实罢了。

在欢笑声中白天很快就过去了。夜色渐浓,万家灯火在冬夜里跳动着,映衬着白白的雪,描绘成乡村最美丽的夜晚。除夕的夜充满了祥和与神秘。在人们的眼里,从这里仿佛能看到美好的明天。

在发纸前父亲总是提前把鞭炮拴在一根大杆子上,靠在墙角就等着放了。十点左右,周围的村子就开始发纸了。鞭炮声此起彼伏,响个不停,火光将天边都映得发亮。十一点半了，父亲便把我们几个都叫出去，开始忙活，有的点鞭炮，有的点一堆火，母亲则在屋里做饭。篝光燃起，鞭炮声也响彻夜空。火光映着红红的笑脸，我们围着火堆跳着，叫着，跑着，那一刻，感觉自己是世界上最幸福的人。

三十的晚上是要吃年夜饭的。全家人坐在一起，团团圆圆地吃着饭，说说话，其乐融融。这时吃的饺子都是肉馅的，还会在里面放一枚硬币，谁要是吃到的话那就预示着一年将有好运相伴。小时候，一次哥哥给我夹了一个饺子，我便边吃边玩，大伙也吃的热火朝天，可是盘子都见底了也没吃到硬币，最后在我的小屁股下面发现了它。

年夜饭后有"守岁"之说，所谓"一夜连双岁，五更分二年"，据说要是能一夜不睡的话，一年之中头脑都清醒。我们几个小伙伴打着灯笼，出去玩，到别人家的院子里拣落在地上的鞭炮，有的回来之后还可以放。当然，如果玩累了，随便到哪家，都会好吃好喝地招待我们。

难忘的年夜总是过得很快。天亮了，村边响起了欢快的锣鼓声，原来是大秧歌开始拜年了。人们相互拜年，串门，整个小村又在年的气氛中沸腾起来。

时隔多年，一些往事都已淡忘，但儿时过年的情景却永远地留在了心中。

指点迷津

老舍(1899—1966)，原名舒庆春，字舍予，中国现代著名作家、戏剧家，杰出的语言大师、人民艺术家。著有长篇小说《四世同堂》《骆驼祥子》等，话剧《茶馆》《龙须沟》等。老舍的文学语言通俗简易，朴实无华，幽默诙谐，具有较强的北京韵味。

本文是作者儿时过年的回忆，描述了一幅北京春节热闹温馨的场景，表达出作者对北京春节习俗的喜爱之情。春节，是我国民间最隆重、最热闹的一个古老传统节日，不同的地区和民族过春节，都有自己独特的风俗。著名语言大师老舍，用他的一支妙笔，描绘了一幅幅北京春节的民俗画卷，让我们感受到在那个艰难的岁月里，北京人依然把年过得有滋有味，幸福快乐！

我的理想家庭

老 舍

我的理想家庭要有七间小平房:一间是客厅,古玩字画全非必要,只要几把很舒服宽松的椅子,一二小桌。一间书房,书籍不少,不管什么头版与古本,而都是我所爱读的;一张书桌,桌面是中国漆的,放上热茶杯不至烫成个圆白印;文具不讲究,可是都很好用;桌上老有一两枝鲜花,插在小瓶里。两间卧室,我独居一间,没有臭虫,而有一张极大极软的床。在这个床上,横睡直睡都可以,不论咋睡都一躺下就舒服合适,好像陷在棉花堆里,一点也不碰硬骨头。还有一间,是预备给客人住的。此外是一间厨房,一个厕所,没有下房,因为根本不预备用仆人。家中不要电话,不要播音机,不要留声机,不要麻将牌,不要风扇,不要保险柜。缺乏的东西本来很多,不过这几项是故意不要的,有人白送给我也不要。

院子必须很大,靠墙有几株小果木树。除了一块长方的土地,平坦无草,足够打开太极拳的。其他的地方就都种着花草——没有一种珍贵费事的,只求昌茂多花。屋中至少有一只花猫,院中至少也有一两盆金鱼;小树上悬着小笼,二三绿蝈蝈随意地鸣着。

这就该说到人了。先生管擦地板与玻璃,打扫院子,收拾花木,给鱼换水,给蝈蝈一两块绿黄瓜或几个毛豆;太太管做饭,女儿任助手,儿子顶好是三岁,既会讲话,又胖胖的会淘气。

这一家子人,因为吃的简单干净,而一天到晚不闲着,所以身体都很不坏。因为身体好,所以没有肝火,大家都不爱闹脾气。

大家的相貌也都很体面,不令人望而生厌。衣服可并不讲究,都做的很结实朴素。

这个家庭顶好是在北平,无论怎样吧,反正必须在中国,理想的家庭必须在理想的国家内也。

指点迷津

家,是每一个人情感的归宿。尽管生活充满苦难和未知,老舍还是对生活有着美好的憧憬,并把美好的憧憬写成了诗。

作者心中的理想家庭是七间小平房,有属于自己的客厅、舒服宽松的椅子、小桌、书房,书籍、书桌、文具、鲜花、卧室独居一间,一张极大极软的床……

作者在文字中流露的是平凡人最朴实的情感:“衣服可并不讲究,都做的很结实朴素。”

“这个家庭顶好是在北平,无论怎样吧,反正必须在中国,理想的家庭必须在理想的国家内也。”表现了作者深沉的爱国情怀。

幸福是什么

〔保加利亚〕埃林·波林

有三个小孩,都是牧羊的。他们彼此很要好,常常从村子里把羊群赶到很远的树林里去。树林里有一口老泉,已经不涌泉水了,泉口上堆满了枯枝败叶。

有一次,一个牧童说:“来,咱们把这口老泉清理一下,再挖一口小井,好不好?”

“好!”他的同伴快乐地喊道。

第二天,他们带着锄头和铁锹到树林里去清理那口老泉。他们疏通泉眼,把堵在泉口的小树杈和烂在水里的树叶挖开。清泉从一层泡沫下面流出来,流到一个有沙底的小潭里。三个小孩看见泉水流出来,又快乐又兴奋。又过了一天,他们从附近搬来一些宽大的石板,砌成一口小井,在井台前面留了一个宽阔的出口,上面用最大的一块石板盖上,不让尘土落进去。

他们高兴地坐在井旁的大石头上,看那股清澈的泉水慢慢填满那口小井,最后从那宽阔的出口流出来。

这时候,从树林里出来一位美丽的姑娘,金黄色的头发一直垂到脚跟,头上戴着一个白色的花环。“你们好,孩子们!”她说,“我可以喝你们井里的水吗?”

“你喝吧。”孩子们说,“我们就是为了让人喝水才把井砌好的。”

姑娘弯下身来,就着井口,用手捧起一捧水,喝了三口。

“我为你们三个人的健康喝了三口。”她微笑着说。

停了一会儿,她又说:“你们做了一件好事,我感谢你们。我代表树林和树林里居住的一切动物,代表在树林里生长的一切花草,感谢你们。祝你们幸福!再见!”

孩子们互相看了看。他们又快乐又激动。一个孩子问那位不相识的姑娘:“你祝我们幸福。请你告诉我们,幸福是什么啊?”

“你们应当自己去弄个明白。十年以后让我们再在这个地方,在这口小井旁边相见吧。假如到那时候你们还不知道幸福是什么,我就告诉你们。”说完,姑娘突然不见了,正像她突然来到一样。

孩子们都诧异地互相看着。一个孩子说:“让咱们分头到自己愿意去的地方,弄明白幸福是什么。我往东走。”

“我往西走。”另一个孩子说。

“我留在村子里,”第三个孩子说,“也许我在这里就会弄明白幸福是什么。”

他们都照自己说的话去做了。十年以后,他们又在小井旁边相遇了,三个人都成了强健有力的青年。清凉的泉水仍旧那样静静地流着。小井周围的树苗已经长成枝叶茂密的大树。许多条小路上,还看得见人的脚印,他们一定是到这里来喝水或者打水的。周围的沙地上有小鸟的爪印,草地上还有鹿和兔子跑过的痕迹。三个青年快乐地看着这一切,他们感到自己只做了一件这么小的事,却给别人带来这么大的好处!他们坐在原来的那块大石头上,想起那位美丽的姑娘。可是她还没有来。

“你们知道这十年我做了些什么?”第一个青年说,“我们分手以后,我就到一个城市里去了,进了学校,学到了很多东西,现在是一个医生。”

“你弄明白幸福是什么了吗?”另外两个问他。

“弄明白了,很简单。我给病人治病。他们恢复了健康,多么幸福。我能帮助别人,因而感到幸福。”

“我,”第二个青年说,“我走了很多地方,做过很多事。我在火车上、轮船上工作过,当过消防队员,做过花匠,还做过许多别的事。我勤勤恳恳地工作,我的工作对别人都是有用的。我的劳动没有白费,所以我是幸福的。”

“那么你呢?”他们问那个留在村子里的同伴。

“我耕地。地上长出麦子来。麦子养活了许多人。我的劳动也没有白费。我也感到很幸福。”

这时候,又是突然之间,那位姑娘又出现了。她没有变样,还是金黄色的头发,头上还是戴着那个白色的花环。她显得那么谦虚、美丽、善良。

“我很高兴,你们都依照我的话又来和我见面了。”她说,“你们说的话我全听到了。你们三个人都明白了:幸福要靠劳动,要靠很好地尽自己的义务,做出对人们有益的事情。”

“你是谁呀?”三个人同声问道。

“我是智慧的女儿。”姑娘回答后就不见了。

指点迷津

埃林·彼林(1877—1949),是保加利亚著名作家,以农村题材的中短篇小说著称于世。俄罗斯伟大作家高尔基曾评价说:“有埃林·彼林这样的作家,是任何一个国家都可引以为自豪的。”

埃林·彼林在艺术上达到炉火纯青之后,开始“用自己最好的时间和最好的创作心境”,为孩子们写作。他主要写童话、寓言和短篇小说。他的儿童文学作品中,最有代表性并且成就最高的当属写于1933年的《比比扬奇遇记》,被称为东欧儿童文学的一块宝璧。

他的创作以中短篇小说见长,比较重要的作品有《短篇小说集》,幽默作品集《我的烟灰》,中篇小说《格拉克一家》《土地》,短篇小说集《修道院坡下的葡萄园》《我,你,他》等。

本文是一篇童话故事。主要写了三个牧童把一口喷泉挖成一口泉井,得到了智慧女儿的祝福;十年后,通过他们自己的劳动,亲身找到了幸福的事,说明了幸福就在有益于人的劳动中。

生活中,我们总是在寻找幸福,渴望幸福,觉得身边没有幸福,自己不幸福,其实幸福总是围绕着你,只是你没有发现它。奉献是幸福,给予是幸福。同学们,读完此文,你是否对幸福有了新的认识!

幸福的家庭

鲁　迅

“……做不做全由自己的便；那作品，像太阳的光一样，从无量的光源中涌出来，不像石火，用铁和石敲出来，这才是真艺术。那作者，也才是真的艺术家。——而我，……这算是什么？……”他想到这里，忽然从床上跳起来了。以先他早已想过，须得捞几文稿费维持生活了；投稿的地方，先定为幸福月报社，因为润笔似乎比较的丰。但作品就须有范围，否则，恐怕要不收的。范围就范围，……现在的青年脑子里的大问题是？……大概很不少，或者有许多是恋爱，婚姻，家庭之类罢。……是的，他们确有许多人烦闷着，正在讨论这些事。那么，就来做家庭。然而怎么做好呢？……否则，恐怕要不收的，何必说些背时的话，然而……。他跳下卧床之后，四五步就走到书桌面前，坐下去，抽出一张绿格纸，毫不迟疑，但又自暴自弃似的写下一行题目道：《幸福的家庭》。

他的笔立刻停滞了；他仰了头，两眼瞪着房顶，正在安排那安置这“幸福的家庭”的地方。他想：“北京？不行，死气沉沉，连空气也是死的。假如在这家庭的周围筑一道高墙，难道空气也就隔断了么？简直不行！江苏浙江天天防要开仗；福建更无须说。四川，广东？都正在打。山东河南之类？——阿阿，要绑票的，倘使绑去一个，那就成为不幸的家庭了。上海天津的租界上房租贵；……假如在外国，笑话。云南贵州不知道怎样，但交通也太不便……。”他想来想去，想不出好地方，便要假定为A了，但又想，“现有不少的人是反对用西洋字母来代人地名的，说是要减少读者的兴味。我这回的投稿，似乎也不如不用，安全些。那么，在那里好呢？——湖南也打仗；大连仍然房租贵；察哈尔，吉林，黑龙江罢，——听说有马贼，也不行！……”他又想来想去，又想不出好地方，于是终于决心，假定这“幸福的家庭”所在的地方叫作A。“总之，这幸福的家庭一定须在A，无可磋商。家庭中自然是两夫妇，就是主人和主妇，自由结婚的。他们订有四十多条条约，非常详细，所以非常平等，十分自由。而且受过高等教育，优美高尚……。东洋留学生已经不通行，——那么，假定为西洋留学生吧。主人始终穿洋服，硬领始终雪白；主妇是前头的头发始终烫得蓬蓬松松像一个麻雀窠，牙齿是始终雪白的露着，但衣服却是中国装，……”

“不行不行，那不行！二十五斤！”

他听得窗外一个男人的声音，不由的回过头去看，窗幔垂着，日光照着，亮得眩目，他的眼睛昏花了；接着是小木片撒在地上的声响。“不相干，”他又回过头来想，“什么‘二十五斤’？——他们是优美高尚，很爱文艺的。但因为都从小生长在幸福里，所以不爱俄国的小说……。俄国小说多描写下等人，实在和这样的家庭也不合。‘二十五斤’？不管他。那么，他们看看什么书呢？——裴伦的诗？吉支的？不行，都不稳当。——哦，有了，他们都爱看《理想之良人》。我虽然没有见过这部书，但既然连大学教授也那么称赞他，想来他们也一定都爱看，你也看，我也看，——他们一人一本，这家庭里一共有两本，……”他觉得胃里有点空虚了，放下笔，用两只手支着头，教自己的头像地球仪似的在两个柱子间挂着。

“……他们两人正在用午餐，”他想，“桌上铺了雪白的布；厨子送上菜来，——中国菜。什么‘二十五斤’？不管他。为什么倒是中国菜？西洋人说，中国菜最进步，最好吃，最合于卫生：所以他们采用中国菜。送来的是第一碗，但这第一碗是什么呢？……”

“劈柴，……”

他吃惊的回过头去看，靠左肩，便立着他自己家里的主妇，两只阴凄凄的眼睛恰恰钉住他的脸。

“什么？”他以为她来搅扰了他的创作，颇有些愤怒了。

“劈架，都用完了，今天买了些。前一回还是十斤两吊四，今天就要两吊六。我想给他两吊五，好不好？”

“好好，就是两吊五。”

“称得太吃亏了。他一定只肯算二十四斤半；我想就算他二十三斤半，好不好？”

“好好，就算他二十三斤半。”

“那么，五五二十五，三五一十五，……”

“唔唔，五五二十五，三五一十五，……”他也说不下去了，停了一会，忽而奋然的抓起笔来，就在写着一行“幸福的家庭”的绿格纸上起算草，起了好久，这才仰起头来说道：

“五吊八!”

“那是,我这里不够了,还差八九个……。”

他抽开书桌的抽屉,一把抓起所有的铜元,不下二三十,放在她摊开的手掌上,看她出了房,才又回过头来向书桌。他觉得头里面很胀满,似乎桠桠叉叉的全被木柴填满了,五五二十五,脑皮质上还印着许多散乱的阿拉伯数目字。他很深的吸一口气,又用力的呼出,仿佛要借此赶出脑里的劈柴,五五二十五和阿拉伯数字来。果然,吁气之后,心地也就轻松不少了,于是仍复恍恍忽忽的想——什么菜？菜倒不妨奇特点。滑溜里脊,虾子海参,实在太凡庸。我偏要说他们吃的是“龙虎斗”。但“龙虎斗”又是什么呢？有人说是蛇和猫,是广东的贵重菜,非大宴会不吃的。但我在江苏饭馆的菜单上就见过这名目,江苏人似乎不吃蛇和猫,恐怕就如谁所说,是蛙和鳝鱼了。现在假定这主人和主妇为那里人呢？——不管他。总而言之,无论那里人吃一碗蛇和猫或者蛙和鳝鱼,于幸福的家庭是决不会有损伤的。总之这第一碗一定是“龙虎斗”,无可磋商。

于是一碗“龙虎斗”摆在桌子中央了,他们两人同时捏起筷子,指着碗沿,笑迷迷的你看我,我看你……。

“My dear,please.”

“Please you eat first,my dear.”

“Oh no,please yor!”

“于是他们同时伸下筷子去,同时夹出一块蛇肉来,——不不,蛇肉究竟太奇怪,还不如说是鳝鱼罢。那么,这碗‘龙虎斗’是蛙和鳝鱼所做的了。他们同时夹出一块鳝鱼来,一样大小,五五二十五,三五……不管他,同时放进嘴里去,……”他不能自制的只想回过头去看,因为他觉得背后很热闹,有人来来往往的走了两三回。但他还熬着,乱嘈嘈的接着想,“这似乎有点肉麻,哪有这样的家庭？唉唉,我的思路怎么会这样乱,这好题目怕是做不完篇的了。——或者不必定用留学生,就在国内受了高等教育的也可以。他们都是大学毕业的,高尚优美,高尚……。男的是文学家;女的也是文学家,或者文学崇拜家。或者女的是诗人;男的是诗人崇拜者,女性尊重者。或者……”他终于忍耐不住,回过头去了。

就在他背后的书架的旁边,已经出现了一座白菜堆,下层三株,中层两株,顶上一株,向他叠成一个很大的A字。

“唉唉!”他吃惊的叹息,同时觉得脸上骤然发热了,脊梁上还有许多针轻轻的刺着。“吁……。”他很长的嘘一口气，先斥退了脊梁上的针，仍然想，“幸福的家庭的房子要宽绰。有一间堆积房，白菜之类都到那边去。主人的书房另一间，靠壁满排着书架，那旁边自然决没有什么白菜堆；架上满是中国书，外国书，《理想之良人》自然也在内，——共有两部。卧室又一间；黄铜床，或者质朴点，第一监狱工场做的榆木床也就够，床底下很干净，……”他当即一瞥自己的床下，劈柴已经用完了，只有一条稻草绳，却还死蛇似的懒懒的躺着。

“二十三斤半，……”他觉得劈柴就要向床下“川流不息”的进来，头里面又有些桠桠叉叉了，便急忙起立，走向门口去想关门。但两手刚触着门，却又觉得未免太暴躁了，就歇了手，只放下那积着许多灰尘的门幕。他一面想，这既无闭关自守之操切，也没有开放门户之不安：是很合于“中庸之道”的。

“……所以主人的书房门永远是关起来的。”他走回来，坐下，想，“有事要商量先敲门，得了许可才能进来，这办法实在对。现在假如主人坐在自己的书房里，主妇来谈文艺了，也就先敲门。——这可以放心，她必不至于捧着白菜的。

“‘Come in, please, my dear.’

“然而主人没有工夫谈文艺的时候怎么办呢？那么，不理她，听她站在外面老是剥剥的敲？这大约不行罢。或者《理想之良人》里面都写着，——那恐怕确是一部好小说，我如果有了稿费，也得去买他一部来看看……。”

拍！

他腰骨笔直了，因为他根据经验，知道这一声“拍”是主妇的手掌打在他们三岁女儿头上的声音。

“幸福的家庭，……”他听到孩子的呜咽了，但还是腰骨笔直的想，“孩子是生得迟的，生得迟。或者不如没有，两个人干干净净。——或者不如住在客店里，什么都包给他们，一个人干干……”他听得呜咽声高了起来，也就站了起来，钻过门幕，想着，“马克思在儿女的啼哭声中还会做《资本论》，所以他是伟人，……”走出外间，开了风门，闻得一阵煤油气。孩子就躺倒在门的右边，脸向着地，一见他，便“哇”的哭出来了。

“阿阿，好好，莫哭莫哭，我的好孩子。”他弯下腰去抱她。

他抱了她回转身，看见门左边还站着主妇，也是腰骨笔直，然而两手插腰，怒气冲冲的似乎豫备开始练体操。

“连你也来欺侮我！不会帮忙，只会捣乱，——连油灯也要翻了他。晚上点什么？……”

“阿阿，好好，莫哭莫哭，”他把那些发抖的声音放在脑后，抱她进房，摸着她的头，说，“我的好孩子。”于是放下她，拖开椅子，坐下去，使她站在两膝的中间，擎起手来道，“莫哭了呵，好孩子。爹爹做‘猫洗脸’给你看。”他同时伸长颈子，伸出舌头，远远的对着手掌舔了两舔，就用这手掌向了自己的脸上画圆圈。

“呵呵呵，花儿。”她就笑起来了。

“是的是的，花儿。”他又连画上几个圆圈，这才歇了手，只见她还是笑迷迷的挂着眼泪对他看。他忽而觉得，她那可爱的天真的脸，正像五年前的她的母亲，通红的嘴唇尤其像，不过缩小了轮廓。那时也是晴朗的冬天，她听得他说决计反抗一切阻碍，为她牺牲的时候，也就这样笑迷迷的挂着眼泪对他看。他惘然的坐着，仿佛有些醉了。

“阿阿，可爱的嘴唇……”他想。

门幕忽然挂起。劈柴运进来了。

他也忽然惊醒，一定睛，只见孩子还是挂着眼泪，而且张开了通红的嘴唇对他看。“嘴唇……”他向旁边一瞥，劈柴正在进来，“……恐怕将来也就是五五二十五，九九八十一！……而且两只眼睛阴凄凄的……。”他想着，随即粗暴的抓起那写着一行题目和一堆算草的绿格纸来，揉了几揉，又展开来给她拭去了眼泪和鼻涕。“好孩子，自己玩去吧。”他一面推开她，说；一面就将纸团用力的掷在纸篓里。

但他又立刻觉得对于孩子有些抱歉了，重复回头，目送着她独自茕茕的出去；耳朵里听得木片声。他想要定一定神，便又回转头，闭了眼睛，息了杂念，平心静气地坐着。他看见眼前浮出一朵扁圆的乌花，橙黄心，从左眼的左角漂到右，消失了；接着一朵明绿花，墨绿色的心；接着一座六株的白菜堆，屹然的向他叠成一个很大的A字。

一九二四年二月一八日。

指点迷津

鲁迅(1881—1936)，原名周樟寿，后改名周树人，字豫山，后改豫才，中国现代伟大的无产阶级文学家、思想家和革命家。1936年10月19日因肺结核病逝于上海。

1921年发表中篇白话小说《阿Q正传》。1918年5月15日发表《狂人日记》，是中国第一部现代白话文小说。鲁迅的作品主要以小说、杂文为主，代表作有小说集《呐喊》《彷徨》《故事新编》等，散文集《朝花夕拾》，散文诗集《野草》，杂文集

《坟》《华盖集》《华盖集续编》《南腔北调集》《二心集》《且介亭杂文》等。鲁迅以笔代戈,奋笔疾书,战斗一生,被誉为“民族魂”。“横眉冷对千夫指,俯首甘为孺子牛”是鲁迅一生的写照。

《幸福的家庭》为鲁迅先生所著小说集《彷徨》中的一篇文章。最初发表于一九二四年三月一日上海《妇女杂志》月刊第十卷第三号。鲁迅先生说好的文章应该是先有情感才有文章,可他描写的人物偏偏是一个为了文章而文章的人,可以说从开头短短十几字就开始了讽刺。之后通过主人公的内心描写讽刺在当时的社会想写一个幸福家庭居然找不到一个合适的地点,只好用人人都嫌弃的A来代替了。再通过主人公小说的构思中的场景跟现实的生活来做鲜明的对比,来讽刺所谓幸福家庭是何等的渺茫、荒谬。在最后,鲁迅先生通过主人公对女儿的爱护,回忆起当年的恋爱,反而让我们读起来感觉到了幸福。和文中的主人公相对比,生活在现代社会中的我们,是不是感觉很幸福呢!

生活在大自然的怀抱里

〔法国〕卢梭

为了到花园里看日出,我比太阳起得更早;如果这是一个晴天,我最殷切的期望是不要有信件或来访扰乱这一天的清宁。我用上午的时间做各种杂事。每件事都是我乐意完成的,因为这都不是非立即处理不可的急事,然后我匆忙用膳,为的是躲避那些不受欢迎的来访者,并且使自己有一个充裕的下午。

即使最炎热的日子,在中午一时前我就顶着烈日带着卢梭养的一条狗的名字出发了。由于担心不速之客会使我不能脱身,我加紧了步伐。可是,一旦绕过一个拐角,我觉得自己得救了,就激动而愉快地松了口气,自言自语说:“今天下午我是自己的主宰了!”从此,我迈着平静的步伐,到树林中去寻觅一个荒野的角落,一个人迹不至因而没有任何奴役和统治印记的荒野的角落,一个我相信在我之前从未有人到过的幽静的角落,那儿不会有令人厌恶的第三者跑来横隔在大自然和我之间。

那儿,大自然在我眼前展开一幅永远清新的华丽的图景。金色的燃料木、紫红的欧石南非常繁茂,给我深刻的印象,使我欣悦;我头上树木的宏伟、我四周灌木的纤丽、我脚下花草的惊人的纷繁使我目不暇接,不知道应该观赏还是赞叹;这么多美好的东西争相吸引我的注意力,使我眼花缭乱,使我在每件东西面前流连,从而助长我懒惰和爱空想的习气,使我常常想:“不,全身辉煌的所罗门也无法同它们当中任何一个相比。”

我的想象不会让如此美好的土地长久渺无人烟。我按自己的意愿在那儿立即安排了居民,我把舆论、偏见和所有虚假的感情远远驱走,使那些配享受如此佳境的人迁进这大自然的乐园。我将把他们组成一个亲切的社会,而我相信自己并非其中不相称的成员。我按照自己的喜好建造一个黄金的世纪,并用那些我经历过的给我留下甜美记忆的情景和我的心灵还在憧憬的情境充实这美好的生活,我多么神往人类真正的快乐,如此甜美、如此纯洁,但如今已经远离人类的快乐。甚至每当念及此,我的眼泪就夺眶而出!

啊!这个时刻,如果有关巴黎、我的世纪、我这个作家的卑微的虚荣心的念头来扰乱我的遐想,我就怀着无比的轻蔑立即将它们赶走,使我能够专心陶醉于这些充溢我心灵的美妙的感情!然而,在遐想中,我承认,我幻想的虚无有时会突然使我的心灵感到痛苦。甚至即使我所有的梦想变成现实,我也不会感到满足:我还会有新的梦想、新的期望、新的憧憬。我觉得我身上有一种没有什么东西能够填满的无法解释的空虚,有一种虽然我无法阐明、但我感到需要的对某种其他快乐的向往。然而,先生,甚至这种向往也是一种快乐,因为我从而充满一种强烈的感情和一种迷人的感伤——而这都是我不愿意舍弃的东西。

我立即将我的思想从低处升高,转向自然界所有的生命,转向事物普遍的体系,转向主宰一切的不可思议的上帝。此刻我的心灵迷失在大千世界里,我停止思维,我停止冥想,我停止哲学的推理;我怀着快感,感到肩负着宇宙的重压,我陶醉于这些伟大观念的混杂,我喜欢任由我的想象在空间驰骋;我禁锢在生命的疆界内的心灵感到这儿过分狭窄,我在天地间感到窒息,我希望投身到一个无限的世界中去。

我相信,如果我能够洞悉大自然所有的奥秘,我也许不会体会这种令人惊异的心醉神迷,而处在一种没有那么甜美的状态里;我的心灵所沉湎的这种出神入化的佳境使我在亢奋激动中有时高声呼唤:"啊,伟大的上帝呀!啊,伟大的上帝呀!"但除此之外,我不能讲出也不能思考任何别的东西。遗忘,但他们肯定不会把我忘却;不过,这又有什么关系?反正他们没有任何办法来搅乱我的安宁。摆脱了纷繁的社会生活所形成的种种尘世的情欲,我的灵魂就经常神游于这一氛围之上,提前跟天使们亲切交谈,并希望不久就将进入这一行列。

我知道,人们将竭力避免把这样一处甘美的退隐之所交还给我,他们早就不愿让我待在那里。但是他们却阻止不了我每天振想象之翼飞到那里,一连几个小时重尝我住在那里时的喜悦。我还可以做一件更美妙的事,那就是我可以尽情想象。假如我设想我现在就在岛上,我不是同样可以遐想吗?我甚至还可以更进一步,在抽象的单调的遐想的魅力之外,再添上一些可爱的形象,使得这一遐想更为生动活泼。在我心醉神迷时这些形象所代表的究竟是什么,连我的感官也时常是不甚清楚的;现在遐想越来越深入,它们也就被勾画得越来越清晰了。跟我当年真在那里时相比,我现在时常是更融洽地生活在这些形象之中,心情也更加舒畅。不幸的是，随着想象力的衰退，这些形象越来越难以映入脑际，而且也不能长时间的停留。唉！正在一个人开始摆脱他的躯壳时，他的视线却被他的躯壳阻挡的最厉害！

指点迷津

卢梭(1712—1778)，法国18世纪伟大的启蒙思想家、哲学家、教育家、文学家，法国大革命的思想先驱，杰出的民主政论家和浪漫主义文学流派的开创者，启蒙运动最卓越的代表人物之一。

主要著作有《论人类不平等的起源和基础》《社会契约论》《爱弥儿》《忏悔录》《新爱洛伊丝》《植物学通信》等。

卢梭一生崇尚自然，喜爱自然风光，他将感情寄托于大自然，虽然身处漂泊之中，却没有精神空虚之感。凡是映入卢梭眼帘的东西，都令他内心感到一种醉人的享受。大自然的奇伟、多彩和实际的美，深深地影响了卢梭的人生观。以后他又经历了多次旅行，不论是旅途中的美景，还是乡村的田园生活，仍使他陶醉着迷。他热爱自然，崇尚自然。“他最伟大的教师，并不是任何一种书籍，他的教师是‘自然’。”卢梭酷爱自然的这种热忱，被他不厌其烦地摹写、表现于他的著作中。自然，渗透了他整个生命。

你是我不可缺少的幸福

萧 红

呼兰河，这小城里边住着我的祖父。

我出生的时候，祖父已经六十多岁了，我长到四五岁，祖父就快七十了。我家有一个大花园，这花园里：蜂子、蝴蝶、蜻蜓、蚂蚱，样样都有。蝴蝶有白蝴蝶、黄蝴蝶。这种蝴蝶极小，不太好看。好看的是大红蝴蝶，满身带着金粉。蜻蜓是金的，蚂蚱是绿的，蜂子则嗡嗡地飞着，满身绒毛，落到一朵花上，胖圆圆的就和一个小毛球似的不动了。

花园里边明晃晃的，红的红，绿的绿，新鲜漂亮。

据说这花园，从前是一个果园。祖母喜欢吃果子就种了果园。祖母又喜欢养羊，羊就把果树给啃了。果树于是都死了。到我有记忆的时候，园子里就只有一棵樱桃树，一棵李子树，因为樱桃和李子都不大结果子，所以觉得他们是并不存在的。

小的时候，只觉得园子里边就有一棵大榆树。榆树在园子的西北角上，来了风，这榆树先啸，来了雨，大榆树先就冒烟了。太阳一出来，大榆树的叶子就发光了，它们闪烁得和沙滩上的蚌壳一样了。

祖父一天都在后园里边，我也跟着祖父在后园里边。祖父带一个大草帽，我戴一个小草帽，祖父栽花，我就栽花；祖父拔草，我就拔草。当祖父下种，种小白菜的时候，我就跟在后边，把那下了种的土窝，用脚一个一个地溜平，哪里会溜得准，东一脚的，西一脚的瞎闹。有的把菜种不单没被土盖上，反而把菜子踢飞了。

小白菜长得非常之快，没有几天就冒了芽了。一转眼就可以拔下来吃了。祖父铲地，我也铲地；因为我太小，拿不动那锄头杆，祖父就把锄头杆拔下来，让我单拿着那个锄头的“头”来铲。其实哪里是铲，也不过爬在地上，用锄头乱勾一阵就是了。也认不得哪个是苗，哪个是草。往往把韭菜当做野草一起地割掉，把狗尾草当做谷穗留着。

等祖父发现我铲的那块地留着狗尾草就问我，"这是什么？"

我说："谷子。"

祖父大笑起来，笑得够了，把草摘下来问我："你每天吃的就是这个吗？"

我说："是的。"

我看着祖父还在笑，我就说："你不信，我到屋里拿来你看。"

我跑到屋里拿了鸟笼上的一头谷穗，远远地就抛给祖父了。说："这不是一样的吗？"

祖父慢慢地把我叫过去，讲给我听，说谷子是有芒针的。狗尾草则没有，只是毛嘟嘟的真像狗尾巴。

祖父虽然教我，我看了也并不细看，也不过马马虎虎承认下来就是了。

一抬头看见了一个黄瓜长大了，跑过去摘下来，我又去吃黄瓜去了。

黄瓜也许没有吃完，又看见了一个大蜻蜓从旁飞过，于是丢了黄瓜又去追蜻蜓去了。蜻蜓飞得多么快，哪里会追得上。好在一开始也没有存心一定追上，所以站起来，跟着蜻蜓跑了几步就又去做别的去了。

采一个倭瓜花心，捉一个大绿豆青蚂蚱，把蚂蚱腿用线绑上，绑了一会，也许把蚂蚱腿就绑掉，线头上只拴了一只腿，而不见蚂蚱了。

玩腻了，又跑到祖父那里去乱闹一阵，祖父浇菜，我也抢过来浇，奇怪的就是并不往菜上浇，而是拿着水瓢，拼尽了力气，把水往天空里一扬，大喊着："下雨了，下雨了。"

太阳在园子里是特大的，天空是特别高的，太阳的光芒四射，亮得使人睁不开眼睛，亮得蚯蚓不敢钻出地面来，蝙蝠不敢从什么黑暗的地方飞出来。

凡在太阳下的，都是健康的、漂亮的，拍一拍连大树都会发响的，叫一叫就是站在对面的土墙都会回答似的。

花开了，就像花睡醒了似的。鸟飞了，就像鸟上天了似的。虫子叫了，就像虫子在说话似的。一切都活了。都有无限的本领，要做什么，就做什么。要怎么样，就怎么样。都是自由的。倭瓜愿意爬上架就爬上架，愿意爬上房就爬上房。黄瓜愿意开一个黄花，就开一个黄花，愿意结一个黄瓜，就结一个黄瓜。若都不愿意，就是一个黄瓜也不结，一朵花也不开，也没有人问它。玉米愿意长多高就长多高，他若愿意长上天去，也没有人管。蝴蝶随意的飞，一会从墙头上飞来一对黄蝴蝶，一会又从墙头上飞走了一个白蝴蝶。它们是从谁家来的，又飞到谁家去？太阳也不知道这个。

只是天空蓝悠悠的,又高又远。可是白云一来了的时候,那大团的白云,好像洒了花的白银似的,从祖父的头上经过,好像要压到了祖父的草帽那么低。我玩累了,就在房子底下找个阴凉的地方睡着了。不用枕头,不用席子,就把草帽遮在脸上就睡了。

后园中有一棵玫瑰。一到五月就开花的。一直开到六月。花朵和酱油碟那么大。开得很茂盛,满树都是,因为花香,招来了很多的蜂子,嗡嗡地在玫瑰树那儿闹着。

别的一切都玩厌了的时候,我就想起来去摘玫瑰花,摘了一大堆把草帽脱下来用帽兜子盛着。在摘那花的时候,有两种恐惧,一种是怕蜂子的勾刺人,另一种是怕玫瑰的刺刺手。好不容易摘了一大堆,摘完了可又不知道做什么了。忽然异想天开,这花若给祖父戴起来该多好看。

祖父蹲在地上拔草,我就给他戴花。祖父只知道我是在捉弄他的帽子,而不知道我到底是在干什么。我把他的草帽给他插了一圈的花,红通通的二三十朵。我一边插着一边笑,当我听到祖父说:“今年春天雨水大,咱们这棵玫瑰开得这么香。二里路也怕闻得到的。”

就把我笑得哆嗦起来。我几乎没有支持的能力再插上去。等我插完了,祖父还是安然的不晓得。他还照样地拔着垅上的草。我跑得很远的站着,我不敢往祖父那边看,一看就想笑。所以我借机进屋去找一点吃的来,还没有等我回到园中,祖父也进屋来了。

那满头红通通的花朵,一进来祖母就看见了。她看见什么也没说,就大笑了起来。父亲母亲也笑了起来,而以我笑得最厉害,我在炕上打着滚笑。

祖父把帽子摘下来一看,原来那玫瑰的香并不是因为今年春天雨水大的缘故,而是那花就顶在他的头上。

他把帽子放下,他笑了十多分钟还停不住,过一会一想起来,又笑了。祖父刚有点忘记了,我就在旁边提着说:“爷爷……今年春天雨水大呀……”

一提起,祖父的笑就来了。于是我也在炕上打起滚来。

就这样一天一天的,祖父,后园,我,这三样是一样也不可缺少的了。

刮了风,下了雨,祖父不知怎样,在我却是非常寂寞的了。去没有去处,玩没有玩的,觉得这一天不知有多少日子那么长。

指点迷津

萧红(1911—1942),学名张秀环,后由外祖父改名为张乃莹。笔名萧红。中国近现代女作家,"民国四大才女"之一,被誉为"20世纪30年代的文学洛神"。1935年,在鲁迅的支持下,发表成名作《生死场》、散文《孤独的生活》、长篇组诗《砂粒》等,中篇小说《马伯乐》、长篇小说《呼兰河传》等。1942年1月22日,因肺结核和恶性气管扩张,病逝于香港,年仅31岁。

萧红的小说具有鲜明的文体特征,创造出场景性的小说结构。萧红打破了传统小说单一的叙事模式,创造了一种介于小说、散文和诗之间的边缘文体,并以其独特的超常规语言、自传式叙事方法、非情节化的结构及诗化风格,形成了别具一格的"萧红体"小说文体风格。萧红以自己悲剧性的人生,感受和体验生命,观照她所熟悉的乡土社会的生命形态和生存境遇,揭露和批判国民性弱点,抒写着关于人、女性和普泛的人类生命的悲剧,从而使其小说获得一种浓烈而深沉的悲剧意蕴和独特而丰厚的文化内涵。

本文选自《呼兰河传》,回忆自己童年时的快乐幸福时光。语言诗化、直率而自然。以她特有的童心观照世界,并对这个诗意世界不加雕饰的语言描绘。她写的人物是从生活里提炼出来的、活生生的,不管是悲是喜,都能使读者产生共鸣。因为直率,不用伪饰、矫情,就更显得自然质朴,直率和自然这两种特性自然成为一体。这种语言没有着意雕琢的痕迹,自然而然,蕴含着一种稚拙浑朴的美、一种独特而醇厚的情调,从而成为"萧红体"小说叙述风格的重要特征。

真实的幸福究竟是什么呢？

〔法国〕莫洛阿

我相信它是与爱、与创造的喜悦，换言之，与自我的遗忘混合的。

爱与喜悦可有种种不同的方式，从两人的相爱起直到诗人所歌咏的宇宙之爱。“凡是没有和爱人一起度过几年，几日，几小时的人，不知幸福之为何物，因为他不能想象此永续不断的奇迹，会把本身很平凡的故事及景色造成生命中最神奇的元素。”

史当达是最懂得爱与幸福合一的人之一。我可再引述一遍他描写邓谷的幸福。他幽闭在西班牙牢狱中，什么都值得惧怕，尤其是死。但于他毫不相干。这些渴望的，可怖的日子，因为克莱丽娴短时间的显现而变得光明灿烂：他幸福了。

凡是一个青年能借一个女子的爱而获得的幸福，做母亲的能借母爱而获得，做首领的能借同伴的爱戴而获得。艺术家能借作品之爱好而获得，圣者能借神明之敬爱而获得。只要一个人整个的忘掉自己，只要他由于一种神秘的动作而迷失在别种生命中，他立刻沐浴在爱的氛围中了，而一切与此中心点无关的世变，于他显得完全不相干。

“一个不满足的女人才爱奢华，一个爱男人的女人会睡在地板上。”为那些在另一个人身上寻求幸福的人，所难的是选择一个能回报他们的爱的对手。不幸的爱情也曾有过幸福的时光，只要自我的遗忘是可贵的话。如葛利安之于玛侬，一个男人为女人牺牲一切，即使这女人骗了他，他亦感到一种痛苦的快感。

但相互的爱，毫无保留而至死方休的爱所能产生的幸福，确是人类所能得到的最大的幸福之一了

不错，若一个人所依恋的对象是脆弱的生物时，更易受到伤害。凡是热烈地爱一个女人，爱儿童，爱国家的人，易招命运之忌，授予命运以弄人资料。从此，命运得以磨难他，虽然他很壮实，得以挫折他。但一个并不患病而恋爱的人，却因所有

的精力都完满无缺之故,更感痛苦。

他爱莫能助。他愿自己替代她,但疾病是严酷的,冷峻的,专制的,紧抓着它选中的牺牲者。因为自己没有受到这苦难,他自以为于不知不觉中欺骗了爱人。这是人类苦难中最残酷的一种。在此,我们的制欲派的明智又怎么办呢?它不会说把自己的命运和脆弱的人的命运连接得如此密切是发疯么?

在真正的爱情没有被视作儿戏的一切情形中,明智总不会丧失它的价值。它驱除虚妄的灾祸;祛除疯狂的预测;令人不信那些徒为空言的不幸。因为阻止你达到幸福的最严重的障碍之一是:现代人士中了主义与抽象的公式的毒。

动物与粗犷的人更为幸福,因为他们的愿欲更或是艺术或是爱或是宗教,才能触及对象本体,唯有这认识方能产生心灵的平和与自信,方能产生真正幸福。

画家玩味着一幅风景,努力想确定它的美点,目光直注着的对象好似要飞跃出来一般去抓住全部的美,当他如是工作的时候,他感到绝对的幸福,狄更斯,在《圣诞颂歌》中,描写一个自私而不幸的老人怎样突然遇到了幸福,于他一向是不可思议的幸福,因为那时他爱恋着几个人物,而这种爱恋即使他摆脱了抽象的恶念。

当我们在一霎间窥到了宇宙神秘的统一性时,当浑噩的山冈,摇曳的丛树,云间的飞燕,窗下的虫蚁,突然成为我们生命的一部分,而我们的生命又成为世界生命之一部分时,我们由于迅速的直觉,认识了宇宙之爱,不复徒是乐天安命的态度而达到了《欢乐颂歌》所表白的境界。

指点迷津

安德烈·莫洛阿(1885—1967),法国著名作家。第一次世界大战时,应征服役,奉派至苏格兰第九师,担任英军与法国炮队之间的翻译联络官。根据军旅生活所见所闻,写成《布朗勃尔上校的沉默》一书,一举成名。战后离开军队,潜心文学创作。其传记作品资料丰富,严谨有据,具学术价值;同时文字优美,生动细致,具高度的艺术性与文学性。长篇小说方面,还著有《非神非兽》《贝尔纳·盖斯奈》《氛围》《家庭圈子》《幸福的本能》《乐土》及《九月的玫瑰》,另外还有短篇小说集《栗树下的晚餐》和《钢琴独奏曲》。

本文是作者关于幸福的认识,他认为幸福和爱与创造的喜悦息息相关。真正的幸福是为了对方可以牺牲自己最宝贵的东西,幸福就是给予,幸福就是奉献。同学们读完此文,你是否对幸福有了新的认识。

论幸福

〔法国〕莫洛阿

何谓幸福？方登纳在《幸福论》那册小书中所假设的定义是："幸福是人们希望永久不变的一种境界。"当然，如果我们肉体与精神所处的一种境界，能使我们想："我愿一切都如此永存下去"，或如浮士德对"瞬间"所说的"留着吧，你，你是如此美妙"，那么，我们无疑是幸福的了。

但我们知道，即在我们愿望之时，那种不变，那种稳定，已经是不可能的了。且就令"瞬间"能够加以巩固，它所给予我们的幸福，亦将因新故事的发生而归于消灭。

构成幸福的，既非事故与娱乐，亦非赏心悦目的奇观，而是把心目中自有的美点传达给外界事故的一种精神状态，我们祈求永续不变的也是此种精神状态而非纷繁的世事。在确定幸福的性质（这是我们真正的论题）之前，先让我们把幸福所有的障碍加以考察，以便我们抓住问题的实质。

首先可以看到的是接踵而至的灾祸与疾病。禁欲派曾说："过去的痛苦已不存在，现在的痛苦无从捉摸，而未来的痛苦还未发生。"事实可不然，我们着实无法把那些连续随着分解开来。过去的痛苦回忆，能把现在的感觉继续加强，更何况精神影响肉体的力量，令人难以置信。有真病的人，亦有自以为病的人，更有自己致病的人。

其次便是失败：爱情的失败，事业的失败，行动的失败。愿望受挫了，计划搁浅了，机会错过了，希望毁灭了。但如果人们对于自己一生的事故，用更自由的精神去观察时，往往会识得他们所未得到的，正是所不希冀的。我屡屡听到作家们说："我要写某一部书，但我所过的生活不允许"，这是真情。但若他热烈地要写那部书，他定会过另一种生活。

野心与贪心使我们与别人冲突，但还有更坏的灾祸成因：即是和我们自己的冲突。"我也许做错了，也许自误了，但我已竭尽所能……"当我们回顾昨日的行为以至一生的行为而能说这种坦白的话时,那么,我们是幸福的。只要有此内在的调和,多少苦恼都可消灭。

可事实告诉我们,自己与自己的协调是稀有的。我们中每个人的内部都有一个“社会人”与情欲炽盛的“个人”,即灵与肉、神与兽。在此,苏格拉底的“认识你自己”的教训就变得重要了,一个智慧之士,若欲达到宁静的境界,首先应将使他思想变形的激情与回忆,回复成客观的,可以与人交换向人倾吐的思想。

此外,是幻想未来:在危险未曾临到先自害怕,先自想象危险的境况,是“不幸”的又一原因。

对于这些或实在或幻想的病,有没有逃避之所或补救的良方呢?

最广阔最仁慈的避难所是大自然,故旅行是救治精神痛苦的良药;痛苦的人所能栖息的另一处所,便是音乐世界。

还有一种“幸福练习”虽不能积极产生幸福,却能助你达到幸福。试举几条秘诀:

——对于过去避免作过于深长的沉思。对一切无可补救的事情,不要反复不已的咀嚼。精神应时常加以冲刷、荡涤、更新。无遗忘即无幸福。

——精神的欢乐在于行动之中。对于聪慧之士,行动往往是为逃避思想,但这种逃避是合理的健全的。

——选择努力方向与你相同,并对你的行动表示关心的环境。

——不要想象那些遥远的无可预料的灾祸而自苦。

还要把幸福的题旨重说一遍吗?永续的平衡状态在人事中是不存在的,信仰、明智、艺术,能令人达到迅速的平衡状态。随后,世界的运行,心灵的动乱,破坏了这种均衡,而人类又当以同样的方法攀登绝顶,永远不已。最美的爱情,分析起来只是无数细微的冲突,与永远靠着忠诚的媾和。同样,若将幸福分析成基本原子,亦可见它是由斗争与苦恼形成的,唯此斗争与苦恼永远被希望所挽救而已。

指点迷津

每个人的经历不同,思维不同,所感受到的一切都不同,所以才说幸福不能概括,更没有统一的标准。幸福是把心中自有的美点传达给外界的一种精神状态,是瞬间的感受,也是永恒的回忆,这无数的瞬间构成了我们的人生。其中的间隙,便是我们所需要克服的障碍,让我们看看莫洛阿是如何定义这一个个的瞬间的。

为什么幸福总是有限的

〔德国〕叔本华

幸福意味着自我满足，因此所有脱离本身的向外求索的过程往往与幸福背道而驰。而在一切幸福中，人的健康又胜过其他幸福，身体是心灵的神殿，唯有将觉察放回身体，方能给心灵一方空间。

在一切幸福中，人的健康胜过任何其他幸福。

一种平静欢愉的气质，快快乐乐地享受非常健全的体格，理智清明，生命活泼，洞彻事理，意欲温和，心地善良，这些都不是身份与财富所能促成或代替的。因为人最重要的在于他自己是什么，当我们独处的时候，也还是自己伴随自己。

上面这些美好的性质既没有人能给你，也没有人能拿走，这些性质比我们所能占有任何其他事物重要，甚至比别人看我们如何来得重要。

幸福总是有限的。我们的幸福与我们的视域，与我们的工作范围，与我们同世界的视点协调相称，并受其制约和界定。这些限定的范围越广，我们的担忧和焦虑越甚；因为这意味着我们的烦恼、欲望和恐惧不断增长和强化。这便是为什么愚昧无知者并非如我们想象的那样不幸的原因，否则，他们脸上的表情就不会如此温顺安详了。

幸福之所以是有限的另一个原因，是人的后半生要比其前半生更为凄凉冷寂。

随着年华的流逝，我们的视域不断扩展，我们与世界的触点不断延伸。童年时代，我们的视界囿于周围狭小的范围；青年时代，便有了引人注目的拓展；到了中年，我们的视野已包容我们活动的所有范围，甚至伸向遥远的界域——例如，对国家和民族大事的操劳忧烦；而人至老年，还包括对子孙后裔的牵挂。

即使在理智活动中，我们对幸福的追求也必然是有限的。因为，意志越是不易激动，我们遭受的痛苦也就越少。

我们明白,痛苦是某种肯定的东西,而幸福则是一种否定的状态。对外部活动范围的限定是为了突出意志的内驱作用,而对理智能力的限定则突出了意志作为内驱动源泉的作用。这后一种限定常常会遇到麻烦,即它为那些令人厌恶的事物敞开了方便之门;为了摆脱这些烦扰,一个人将利用种种便利的方法——诸如闲荡、社交、挥霍,娱乐、饮酒等等,这类方法将导致灾难、堕落和不幸。

一个人若无所事事,则很难保持其心灵的宁静。那种对外部活动范围的限制有助于幸福的获得,甚至可以说是人类幸福的必然条件。

人们也许留意到一个事实:描写人们生活幸福、心境安宁的诗——我指的是那种质朴宜人的田园诗——所表达的常常是在单纯狭小的生活环境中的人,而这一点恰是田园诗意境中的本质核心。同时它也是一种情感,即我们在欣赏所谓风俗画时所体验到的那种愉悦的本质。

因此,生活方式的简单质朴,乃至单一不变,倘若它并不使我们感到厌烦乏味,那么,还是有益于幸福的。因为正是在这种景况中,生活,连同其不可避免的重负,至少可使人感受到:它像一涓涓细流的小溪,悄然无声地流逝,它是那样的平静,甚至没有一丝波纹或旋涡流。

一个人是幸福的还是痛苦的,取决于他倾注全力的是什么事物。

这方面,纯然的脑力工作——这是精神自身能力的发挥——一般来说,要比其他任何形式的生活实践享受到更多的幸福,因为后者往往沉陷于成功与失败的无休止的更迭,以及由此产生的种种不安宁和痛苦的折磨。需要指出的是,从事这种脑力工作必须具备杰出的理智能力。

自给自足,自己就是一切,无所欲求,才能够说"余只占有自身之一切"。毫无疑问,这就是幸福最主要的品质。

因此,我们无须过多地重复亚里士多德的名言:"幸福意味着自我满足。"事实上,在商福特那极为巧妙的话语中也出现过同样的思想:"幸福决非轻易获得的东西,在别处不可能找到它,只有在我们自身中才可能发现它。"

追名逐利,饮酒狂欢,生活奢侈,所有这些,都是通往幸福之路的最大障碍;虽然它们会改变我们悲惨的生活,使我们享受到种种乐趣、欢快和愉悦,但是这也同样是一个危险的过程——一个不可能不导致期望和幻想的过程;在这方面,不断变幻的谎言同样是不可避免的附属物。

指点迷津

亚瑟·叔本华(1788—1860),德国著名哲学家,是哲学史上第一个公开反对理性主义哲学的人,并开创了非理性主义哲学,也是唯意志论的创始人和主要代表之一,认为生命意志是主宰世界运作的力量。

他文笔流畅,思路清晰,其散文式论述对后来哲学著作的诗意化产生了较大影响,尼采十分欣赏他的作品,并著有《作为教育家的叔本华》。瓦格纳把歌剧《尼伯龙根的指环》献给叔本华。莫泊桑称他为"人类历史上最伟大的梦想破坏者"。国学大师王国维的思想亦深受叔本华的影响,在其著作《人间词话》中以叔本华的理论评宋词,还曾借助其理论发展了红学,成就颇高。

总之,叔本华是人类思想史上闪耀的恒星,他的理念永远值得人们去深深思索。

幸福的定义是什么,是平淡如水的安稳,还是不断突破的自我?中国有句成语,叫知足常乐。知足看似简单,但是能真正把持住自己内心的人又有几个呢?幸福是理智的,也是知性的,随着年龄的长大,眼界逐渐拓宽,我们往往不会安于现状,而是更加努力,相比于知足,也称得上另一种幸福。而德国哲学家又清晰地为我们讲述了这两种幸福的区别与共通。

笑

林徽因

笑的是她的眼睛，口唇，
和唇边浑圆的漩涡。
艳丽如同露珠，
朵朵的笑向
贝齿的闪光里躲。
那是笑——神的笑，美的笑：
水的映影，风的轻歌。
笑的是她惺忪的卷发，
散乱的挨着她耳朵。
轻软如同花影，
痒痒的甜蜜
涌进了你的心窝。
那是笑——诗的笑，画的笑：
云的留痕，浪的柔波。

指点迷津

林徽因(1904—1955)，原名徽音。她的文学作品主要有《谁爱这不息的变幻》《笑》《清原》《一天》《激昂》《昼梦》《瞑想》等诗篇几十首，话剧《梅真同他们》，短篇小说《窘》《九十九度中》等，散文《窗子以外》《一片阳光》等。林徽因是20世纪中国文学界的才女。

笑，生于心间，洋溢在脸上的每一个细节之中。幸福、美丽的笑容，感染着周围的一切，笑，就像水的波纹，荡漾开，流淌到“你”的心间。

爱国篇

列宁说:“爱国主义就是千百年来巩固起来的对自己祖国的一种最深厚的感情。”

中华民族自古以来对自己的祖国就有一种深厚的、真挚的感情。这种感情是中国立国几千年来非常重要的精神支柱,是中华民族的高尚美德。

少年中国说(节选)

梁启超

任公曰:造成今日之老大中国者,则中国老朽之冤业也。制出将来之少年中国者,则中国少年之责任也。彼老朽者何足道,彼与此世界作别之日不远矣,而我少年乃新来而与世界为缘。如僦屋者然,彼明日将迁居他方,而我今日始入此室处。将迁居者,不爱护其窗栊,不洁治其庭庑,俗人恒情,亦何足怪!若我少年者,前程浩浩,后顾茫茫。中国而为牛为马为奴隶,则烹脔棰鞭之惨酷,惟我少年当之。中国如称霸宇内,主盟地球,则指挥顾盼之尊荣,惟我少年享之。于彼气息奄奄与鬼为邻者何与焉?彼而漠然置之,犹可言也。我而漠然置之,不可言也。使举国之少年而果为少年也,则吾中国为未来之国,其进步未可量也。使举国之少年而亦为老大也,则吾中国为过去之国,其澌亡可翘足而待也。故今日之责任,不在他人,而全在我少年。少年智则国智,少年富则国富;少年强则国强,少年独立则国独立;少年自由则国自由,少年进步则国进步;少年胜于欧洲则国胜于欧洲,少年雄于地球则国雄于地球。红日初升,其道大光。河出伏流,一泻汪洋。潜龙腾渊,鳞爪飞扬。乳虎啸谷,百兽震惶。鹰隼试翼,风尘吸张。奇花初胎,矞矞皇皇。干将发硎,有作其芒。天戴其苍,地履其黄。纵有千古,横有八荒。前途似海,来日方长。美哉我少年中国,与天不老!壮哉我中国少年,与国无疆!

指点迷津

梁启超(1873—1929),近代思想家、文学家、学者,字卓如,号任公、饮冰子,别署饮冰室主人。在文学上,他大胆提出“诗界革命”口号后又提出“小说界革命”的口号,并在创作上进行了积极有益的尝试。他的文章从内容上看或揭露批判黑暗丑恶的现实,或为祖国的现状忧心忡忡,或引进西方先进的思想与科技,积极呼吁变法自强,将散文作为其变法思想的宣传工具。从形式上看议论纵横、气势磅礴,笔端常带感情，极富鼓动性，“对于读者，别具一种魔力”；语言半文半白，“务为平易畅达，时杂以俚语、韵语及外国语法，纵笔所至不拘束”。代表作《少年中国说》便展现了这些的特点。

《少年中国说》针对中国现状，分析透彻，说理条理清楚，运用一连串比喻、排比等修辞手法，行文一泻千里，文章呈现出大气磅礴的风格。作者通过把封建古老的中国和他心目中的少年中国作鲜明对比，极力赞颂少年勇于改革的精神，针砭老年人消极保守的思想，鼓励人们发愤图强，肩负起建设少年中国的重任，表达作者殷切盼望祖国繁荣富强的强烈愿望和积极进取原精神。

可爱的中国(节选)

方志敏

这间囚室,四壁都用白纸裱糊过,虽过时已久,裱纸变了黯黄色,有几处漏雨的地方,并起了大块的黑色斑点;但有日光照射进来,或是强光的电灯亮了,这室内仍显得洁白耀目。对天空开了两道玻璃窗,光线空气都不算坏。对准窗子,在室中靠石壁放着一张黑漆色长方书桌,桌上摆了几本厚书和墨盒茶盅。桌边放着一把锯短了脚的矮竹椅;接着竹椅背后,就是一张铁床;床上铺着灰色军毯,一床粗布棉被,折叠了三层,整齐的摆在床的里沿。在这室的里面一角,有一只未漆的未盖的白木箱摆着,木箱里另有一只马桶躲藏在里面,日夜张开着口,承受这室内囚人每日排泄下来的秽物。在白木箱前面的靠壁处,放着一只蓝磁的痰盂,它像与马桶比赛似的,也是日夜张开着口,承受室内囚人吐出来的痰涕与丢下去的橘皮蔗渣和纸屑。骤然跑进这间房来,若不是看到那只刺目的很不雅观的白方木箱,以及坐在桌边那个钉着铁镣一望而知为囚人的祥松,或者你会认为这不是一间囚室,而是一间书室了。

的确,就是关在这室内的祥松,也认为比他十年前在省城读书时所住的学舍的房间要好一些。

这是看守所优待号的一间房。这看守所分为两部,一部是优待号,一部是普通号。优待号是优待那些在政治上有地位或是有资产的人们。他们因各种原因,犯了各种的罪,也要受到法律上的处罚;而他们平日过的生活以及他们的身体,都是不能耐住那普通号一样的待遇;把他们也关到普通号里去,不要一天两天,说不定都要生病或生病而死,那是万要不得之事。故特辟优待号让他们住着,无非是期望着他们趁早悔改的意思。所以与其说优待号是监狱,或者不如说是休养所较为恰切些,不过是不能自由出入罢了。比较那潮湿污秽的普通号来,那是大大的不同。在普通号吃苦生病的囚人,突然看到优待号的清洁宽敞,心里总不免要发生一个是天堂,一个是天狱之感。

因为祥松是一个重要的政治犯,官厅为着要迅速改变他原来的主义信仰,才将他从普通号搬到优待号来。

祥松前在普通号,有三个同伴同住,谈谈讲讲,也颇觉容易过日。现在是孤零一人,镇日坐在这囚室内,未免深感寂寞了。他不会抽烟,也不会喝酒,想借烟来散闷,酒来解愁,也是做不到的。而能使他忘怀一切的,只是读书。他从同号的难友处借了不少的书来,他原是爱读书的人,一有足够的书给他读读看看,就是他脚上钉着的十斤重的铁镣也不觉得它怎样沉重压脚了。尤其在现在,书好像是医生手里止痛的吗啡针,他一看起书来,看到津津有味处,把他精神上的愁闷与肉体上的苦痛,都麻痹地忘却了。

到底他的脑力有限,接连看了几个钟头的书,头就会一阵一阵的胀痛起来,他将一双肘节放在桌上,用两掌抱住胀痛的头,还是照原看下去,一面咬紧牙关自语:"尽你痛!痛!再痛!脑溢血,晕死去罢!"直到脑痛十分厉害,不能再耐的时候,他才丢下书本,在桌边站立起来。或是向铁床上一倒,四肢摊开伸直,闭上眼睛养养神;或是在室内从里面走到外面,又从外面走到里面的踱着步;再或者站在窗口望着窗外那么一小块沉闷的雨天出神;也顺便望望围墙外那株一半枯枝,一半绿叶的柳树。他一看到那一簇浓绿的柳叶,他就猜想出遍大地的树木,大概都在和暖的春风吹嘘中,长出艳绿的嫩叶来了——他从这里似乎得到一点儿春意。

他每天都是这般不变样地生活着。

今天在换班的看守兵推开门来望望他——换班交代最重要的一个囚人——的时候,却看到祥松没有看书,也没有踱步,他坐在桌边,用左手撑住头,右手执着笔在纸上边写边想。祥松今天似乎有点什么感触,要把它写出来。他在写些什么呢?啊!他在写着一封给朋友们的信。

亲爱的朋友们:

我终于被俘入狱了。

关于我被俘入狱的情形,你们在报纸上可以看到,知道大概,我不必说了。我在被俘以后,经过绳子的绑缚,经过钉上粗重的脚镣,经过无数次的拍照,经过装甲车的押解,经过几次群众会上活的示众,以至关入笼子里,这些都像放电影一般,一幕一幕的过去!我不愿再去回忆那些过去了的事情,回忆,只能增加我不堪的羞愧和苦恼!我也不愿将我在狱中的生活告诉你们。朋友,无论谁入了狱,都得感到愁苦和屈辱,我当然更甚,所以不能告诉你们一点什么好的新闻。我今天想告诉你们的却是另外一个比较紧要的问题，即是关于爱护中国，拯救中国的问题，你们或者高兴听一听我讲这个问题罢。

我自入狱后，有许多人来看我：他们为什么来看我，大概是怀着到动物园里去看一只新奇的动物一样的好奇心罢？他们背后怎样评论我，我不能知道，而且也不必一定要知道。就他们当面对我讲的话，他们都承认我是一个革命者；不过他们认为我只顾到工农阶级的利益，忽视了民族的利益，好像我并不是热心爱中国爱民族的人。朋友，这是真实的话吗？工农阶级的利益，会是与民族的利益冲突吗？不，绝不是的，真正为工农阶级谋解放的人，才正是为民族谋解放的人，说我不爱中国不爱民族，那简直是对我一个天大的冤枉了。

朋友！中国是生育我们的母亲。你们觉得这位母亲可爱吗？我想你们是和我一样的见解，都觉得这位母亲是蛮可爱蛮可爱的。以言气候，中国处于温带，不十分热，也不十分冷，好像我们母亲的体温，不高不低，最适宜于孩儿们的偎依。以言国土，中国土地广大，纵横万数千里，好像我们的母亲是一个身体魁大、胸宽背阔的妇人，不像日本姑娘那样苗条瘦小。中国许多有名的崇山大岭，长江巨河，以及大小湖泊，岂不象征着我们母亲丰满坚实的肥肤上之健美的肉纹和肉窝？中国土地的生产力是无限的；地底蕴藏着未开发的宝藏也是无限的；废置而未曾利用起来的天然力，更是无限的，这又岂不象征着我们的母亲，保有着无穷的乳汁，无穷的力量，以养育她四万万的孩儿？我想世界上再没有比她养得更多的孩子的母亲吧。至于说到中国天然风景的美丽，我可以说，不但是雄巍的峨嵋，妩媚的西湖，幽雅的雁荡，与夫“秀丽甲天下”的桂林山水，可以傲睨一世，令人称羡；其实中国是无地不美，到处皆景，自城市以至乡村，一山一水，一丘一壑，只要稍加修饰和培植，都可以成流连难舍的胜景；这好像我们的母亲，她是一个天姿玉质的美人，她的身体的每一部分，都有令人爱慕之美。中国海岸线之长而且弯曲，照现代艺术家说来，这象征我们母亲富有曲线美吧。咳！母亲！美丽的母亲，可爱的母亲，只因你受着人家的压榨和剥削，弄成贫穷已极；不但不能买一件新的好看的衣服，把你自己装饰起来；甚至不能买块香皂将你全身洗擦洗擦，以致现出怪难看的一种憔悴褴褛和污秽不洁的形容来！啊！我们的母亲太可怜了，一个天生的丽人，现在却变成叫化的婆子！站在欧洲、美洲各位华贵的太太面前，固然是深愧不如，就是站在那日本小姑娘面前，也自惭形秽得很呢！听着！朋友！母亲躲到一边去哭泣了，哭得伤心得很呀！她似乎在骂着：“难道我四万万的孩子，都是白生了吗？难道他们真像着了魔的狮子，一天到晚的睡着不醒吗？难道他们不知道自己伟大的团结力量，去与残害母亲、剥削母亲的敌人斗争吗？难道他们不想将母亲从敌人手里救出来，把母亲也装饰起来，成为世界上一个最出色、最美丽、最令人尊敬的母亲吗？”

指点迷津

方志敏(1899—1935)，中国共产党的优秀党员，江西党组织的创始人之一。在敌人的监狱里，方志敏用敌人让他写“供词”的纸笔，在极端艰苦的条件下，写下了传世之作《清贫》和《可爱的中国》等，成为教育后代的生动教材。

《可爱的中国》是方志敏的著名散文，1935 年写于狱中。作者以亲身经历概括了中国从五四运动到第二次国内革命战争以来的悲惨历史，愤怒地控诉了帝国主义肆意欺侮中国人民的种种罪行。他满怀爱国主义激情，把祖国比喻为“生育我们的母亲”，“她是一个天姿玉质的美人，她的身体的每一部分都有令人爱慕之美。”可是，美丽健壮而可爱的母亲，却正受着“无谓屈辱和残暴的蹂躏”。强盗、恶魔残害她，掠夺她，肢解她的身体，吮吸她的血液，汉奸军阀帮助恶魔杀害自己的母亲。作者高声疾呼，“母亲快要死去了”“救救母亲呀！”他指出挽救祖国的“唯一出路”就是进行武装斗争，论证“中国是有自救的力量的”，坚信中华民族必能从战斗中获救，并在篇末展示了中国的光明前景，描绘出祖国未来的美好幸福景象，表现了强烈的民族自信。

故都的秋

郁达夫

秋天，无论在什么地方的秋天，总是好的；可是啊，北国的秋，却特别地来得清，来得静，来得悲凉。我的不远千里，要从杭州赶上青岛，更要从青岛赶上北平来的理由，也不过想饱尝一尝这“秋”，这故都的秋味。

江南，秋当然也是有的；但草木凋得慢，空气来得润，天的颜色显得淡，并且又时常多雨而少风；一个人夹在苏州上海杭州，或厦门香港广州的市民中间，混混沌沌地过去，只能感到一点点清凉，秋的味，秋的色，秋的意境与姿态，总看不饱，尝不透，赏玩不到十足。秋并不是名花，也并不是美酒，那一种半开，半醉的状态，在领略秋的过程上，是不合适的。

不逢北国之秋，已将近十余年了。在南方每年到了秋天，总要想起陶然亭的芦花，钓鱼台的柳影，西山的虫唱，玉泉的夜月，潭柘寺的钟声。在北平即使不出门去罢，就是在皇城人海之中，租人家一椽破屋来住着，早晨起来，泡一碗浓茶、向院子一坐，你也能看得到很高很高的碧绿的天色，听得到青天下驯鸽的飞声。从槐树叶底，朝东细数着一丝一丝漏下来的日光，或在破壁腰中，静对着像喇叭似的牵牛花(朝荣)的蓝朵，自然而然地也能够感觉到十分的秋意。说到了牵牛花，我以为以蓝色或白色者为佳，紫黑色次之，淡红色最下。最好，还要在牵牛花底，教长着几根疏疏落落的尖细且长的秋草，使作陪衬。

北国的槐树，也是一种能使人联想起秋来的点缀。像花而又不是花的那一种落蕊，早晨起来，会铺得满地。脚踏上去，声音也没有，气味也没有，只能感出一点点极微细极柔软的触觉。扫街的在树影下一阵扫后，灰土上留下来的一条条扫帚的丝纹，看起来既觉得细腻，又觉得清闲，潜意识下并且还觉得有点儿落寞，古人所说的梧桐一叶而天下知秋的遥想，大约也就在这些深沉的地方。

秋蝉的衰弱的残声，更是北国的特产；因为北平处处全长着树，屋子又低，所以无论在什么地方,都听得见它们的啼唱。在南方是非要上郊外或山上去才听得到的。这秋蝉的嘶叫,在北平可和蟋蟀耗子一样,简直像是家家户户都养在家里的家虫。

还有秋雨哩,北方的秋雨,也似乎比南方的下得奇,下得有味,下得更像样。在灰沉沉的天底下,忽而来一阵凉风,便息列索落地下起雨来了。一层雨过,云渐渐地卷向了西去,天又青了,太阳又露出脸来了;著着很厚的青布单衣或夹袄的都市闲人,咬着烟管,在雨后的斜桥影里,上桥头树底下去一立,遇见熟人,便会用了缓慢悠闲的声调,微叹着互答着的说:

"唉,天可真凉了——"(这了字念得很高,拖得很长。)

"可不是么?一层秋雨一层凉了!"

北方人念阵字,总老像是层字,平平仄仄起来,这念错的歧韵,倒来得正好。

北方的果树,到秋来,也是一种奇景。第一是枣子树;屋角,墙头,茅房边上,灶房门口,它都会一株株地长大起来。像橄榄又像鸽蛋似的这枣子颗儿,在小椭圆形的细叶中间,显出淡绿微黄的颜色的时候,正是秋的全盛时期;等枣树叶落,枣子红完,西北风就要起来了,北方便是尘沙灰土的世界,只有这枣子、柿子、葡萄,成熟到八九分的七八月之交,是北国的清秋的佳日,是一年之中最好也没有的 Golden Days。

有些批评家说,中国的文人学士,尤其是诗人,都带着很浓厚的颓废色彩,所以中国的诗文里,颂赞秋的文字特别的多。但外国的诗人,又何尝不然?我虽则外国诗文念得不多,也不想开出账来,做一篇秋的诗歌散文钞,但你若去一翻英德法意等诗人的集子,或各国的诗文的 An-thology 来,总能够看到许多关于秋的歌颂与悲啼。各著名的大诗人的长篇田园诗或四季诗里,也总以关于秋的部分。写得最出色而最有味。足见有感觉的动物,有情趣的人类,对于秋,总是一样的能特别引起深沉,幽远,严厉,萧索的感触来的。不单是诗人,就是被关闭在牢狱里的囚犯,到了秋天,我想也一定会感到一种不能自已的深情;秋之于人,何尝有国别,更何尝有人种阶级的区别呢?不过在中国,文字里有一个"秋士"的成语,读本里又有着很普遍的欧阳子的《秋声》与苏东坡的《赤壁赋》等,就觉得中国的文人,与秋的关系特别深了。可是这秋的深味,尤其是中国的秋的深味,非要在北方,才感受得到底。

南国之秋,当然是也有它的特异的地方的,比如廿四桥的明月,钱塘江的秋潮,普陀山的凉雾,荔枝湾的残荷等等,可是色彩不浓,回味不永。比起北国的秋来,正像是黄酒之与白干,稀饭之与馍馍,鲈鱼之与大蟹,黄犬之与骆驼。

秋天，这北国的秋天，若留得住的话，我愿把寿命的三分之二折去，换得一个三分之一的零头。

指点迷津

郁达夫(1896—1945)，原名郁文，字达夫，中国现代作家、革命烈士。郁达夫是新文学团体“创造社”的发起人之一，一位为抗日救国而殉难的爱国主义作家。在文学创作的同时，还积极参加各种反帝抗日组织，先后在上海、武汉、福州等地从事抗日救国宣传活动，其文学代表作有《怀鲁迅》《沉沦》《故都的秋》《春风沉醉的晚上》《过去》《迟桂花》等。

本文是现代散文史上的名篇，感情浓厚，意味隽永，文辞优美。“故都”两字指明描写的地点，含有深切的眷念之意，也暗含着一种文化底蕴；“秋”字确定描写的内容，与“故都”结合在一起，暗含着自然景观与人文景观相融合的境界。本文通过对北平秋色的描绘，赞美了故都的自然风物，抒发了向往、眷恋故都之秋的真情，并流露出忧郁、孤独的心境。同时，在深沉、悲凉的故都的秋的表面，透露着作者对故都、故国——祖国的无限眷恋和热爱之情。

一 句 话

闻一多

有一句话说出就是祸，
有一句话能点得着火。
别看五千年没有说破，
你猜得透火山的缄默？
说不定是突然着了魔，
突然青天里一个霹雳
爆一声：
“咱们的中国！”

这话教我今天怎么说？
你不信铁树开花也可，
那么有一句话你听着：
等火山忍不住了缄默，
不要发抖，伸舌头，顿脚，
等到青天里一个霹雳
爆一声：
“咱们的中国！”

指点迷津

全诗以“一句话”——“咱们的中国”为构思中心，运用写实和隐喻相结合的手法，反复咏叹，极力渲染烘托。

第一节先用排比，通过“祸”与“火”的写实和比喻，揭露黑暗现实对民意的压制，也预示着民众积蓄着的巨大的力量。接着进一步用火山作对比，它虽然沉默了千百年,一旦突然爆发,就会产生翻天覆地的力量。这一喻象表明诗人对人民的反抗力量充满信心。

第二节针对一些对中国前途悲观、不相信民众者发出警告,用“铁树开花”比喻建设“咱们的中国”来之不易但终会成事实。通过“我”坚信与“你”不相信的对比,引发出不信者可能会产生的惊慌、反感等种种诧异的表现,从而进一步衬托出民众反抗的必然性和突发性,表明诗人对民众解放自己、改造旧中国的潜在力量坚信不疑,并衷心拥护。他将民众的反抗与呐喊比喻成“青天里一个霹雳”,既呼应“火”的意象,显示出无穷的威力,又是一种盛赞的口吻“爆一声:‘咱们的中国!’”的两次反复,强烈地表达出对理想中国的期望与追求。

此诗语言平易,形式上整齐匀称,又自然天成,富于节奏感和音乐美。

国殇

屈　原

操吴戈兮被犀甲，车错毂兮短兵接。
旌蔽日兮敌若云，矢交坠兮士争先。
凌余阵兮躐余行，左骖殪兮右刃伤。
霾两轮兮絷四马，援玉枹兮击鸣鼓。
天时坠兮威灵怒，严杀尽兮弃原野。
出不入兮往不反，平原忽兮路超远。
带长剑兮挟秦弓，首身离兮心不惩。
诚既勇兮又以武，终刚强兮不可凌。
身既死兮神以灵，子魂魄兮为鬼雄！

指点迷津

注释

(1)吴戈：战国吴地所制的戈(因制作精良锋利而著名)。操：拿着。被：通“披”。犀甲犀牛皮制作的铠甲。

(2)毂(gǔ)：车的轮轴。错毂：指两国双方激烈交战，兵士来往交错。毂是车轮中心插轴的地方。短兵：指刀剑一类的短兵器。

(3)旌(jīng)：旌蔽日兮敌若云；旌旗遮蔽了太阳，敌兵好像云一样聚集在一起。旌：用羽毛装饰的旗子。

(4)矢交坠兮士争先：是说双方激战，流箭交错，纷纷坠落，战士却奋勇争先杀敌。矢：箭。

(5)凌：侵犯。躐(liè)：践踏。行(háng)：行列。

(6)左骖(cān)：古代战车用四匹马拉，中间的两匹马叫“服”，左右两边的叫

“骖”。殪(yì):缁地而死。右:指右骖。刃伤:为兵刃所伤。

(7)霾两轮兮絷四马:意思是把(战车)两轮埋在土中,马头上的缰绳也不解开,要同敌人血战到底。霾(mái)。通“埋”。絷(zhí):绊住。援:拿。玉枹:嵌玉饰的鼓槌。

(8)援玉枹(fú)兮击鸣鼓:主帅鸣击战鼓以振作士气。

(9)天时:天意。坠:通“怼”(duì),恨。威灵怒:神明震怒。

(10)严杀:酣战痛杀。弃原野:指骸骨弃在战场上。

(11)出不入兮往不反:是说战士抱着义无反顾的必死决心。

(12)忽:指原野宽广无际。超:通“迢”(tiáo)。

(13)挟(xié):携,拿。秦弓:战国秦地所造的弓(因射程较远而著名)。

(14)首身离:头和身体分离,指战死。惩:恐惧,悔恨。

(15)诚:果然是,诚然。武:力量强大。

(16)终:始终。

(17)神以灵:指精神永存。

(18)魂魄毅兮为鬼雄:一作“子魂魄兮为鬼雄”,子:指战死者。鬼雄:鬼中雄杰。

屈原(约公元前340—前278),名平,字原,中国古代伟大的爱国诗人。战国时期楚国贵族出身,任三闾大夫、左徒,兼管内政外交大事。公元前278年,秦将白起一举攻破楚国首都郢都,忧国忧民的屈原在长沙附近汨罗江怀石自杀,据说端午节就是他的忌日。他写下许多不朽诗篇,成为中国古代浪漫主义诗歌的奠基者,在楚国民歌的基础上,创造了新的诗歌体裁——楚辞,在中国文学史上独树一帜,与《诗经》并称“风骚”二体,对后世诗歌创作产生积极影响。

《国殇》是《九歌》中的一首,是一首追悼为国牺牲的将士的挽歌。全诗生动地描绘了一次战役的经过:将士们身披犀甲,手持吴戈,人人奋勇争先,与敌人展开了短兵相接的战斗。只见战旗遮盖住太阳,战鼓震天动地。流矢在阵地上纷纷坠落,双方战车交替,车轮深深地陷入泥土中,四匹马挣扎着,还是拉不起来。由于敌军众多,我军伤亡惨重,左侧的边马倒下了,右侧的边马也被兵刃杀伤。壮士们身佩长剑,腋夹秦弓,捐躯于寥廓超远的疆场。诗人热烈地礼赞道:英雄们真是意志刚强、武力强大,身虽死而志不可夺!他们死而有知,英灵不泯,在鬼中也是出类拔萃的英雄!

从 军 行

王昌龄

青海长云暗雪山，孤城遥望玉门关。
黄沙百战穿金甲，不破楼兰终不还。

指点迷津

注释

(1)从军行：乐府旧题，内容多写军队战争之事。

(2)青海：指青海湖。

(3)雪山：这里指甘肃省的祁连山。

(4)孤城：当是青海地区的一座城。一说孤城即玉门关。

(5)玉门关：汉武帝置，因西域输入玉石取道于此而得名。故址在今甘肃敦煌西北小方盘城。六朝时关址东移至今安西双塔堡附近。

(6)穿：磨破。

(7)金甲：战衣，金属制的铠甲。

(8)楼兰：汉代西域国名，这里泛指当时骚扰西北边疆的敌人。

王昌龄(698—756)，字少伯，盛唐著名边塞诗人，后人誉为“七绝圣手”，因事贬岭南，与李白、高适、王维、王之涣、岑参等交好。安史乱起，为刺史闾丘所杀。其诗以七绝见长，尤以登第之前赴西北边塞所作边塞诗最著，有“诗家夫子王江宁”之誉。

本诗一二两句，境界阔大，感情悲壮，含蕴丰富；三四两句之间，显然有转折，二句形成鲜明对照。“黄沙”句尽管写出了战争的艰苦，但给人的实际感受是雄壮有力。盛唐优秀边塞诗的一个重要思想特色，就是在抒写戍边将士的豪情壮志的同时，并不回避战争的艰苦，此篇就是一个显例。

水龙吟·登建康赏心亭

辛弃疾

楚天千里清秋,水随天去秋无际。遥岑远目,献愁供恨,玉簪螺髻。落日楼头,断鸿声里,江南游子。把吴钩看了,栏杆拍遍,无人会,登临意。

休说鲈鱼堪脍,尽西风,季鹰归未?求田问舍,怕应羞见,刘郎才气。可惜流年,忧愁风雨,树犹如此!倩何人唤取,红巾翠袖,揾英雄泪!

指点迷津

注释

(1)赏心亭:《景定建康志》:"赏心亭在(城西)下水门城上,下临秦淮,尽观赏之胜。"遥岑(cén):远山。

(2)玉簪(zān)螺髻(jì):玉做的簪子,像海螺形状的发髻,这里比喻高矮和形状各不相同的山岭。

(3)断鸿:失群的孤雁。

(4)吴钩:唐·李贺《南园》:"男儿何不带吴钩,收取关山五十州。"吴钩,古代吴地制造的一种宝刀。这里应该是以吴钩自喻,空有一身才华,但是得不到重用。

(5)鲈鱼堪脍:用西晋张翰典。《世说新语·识鉴篇》记载:张翰在洛阳做官,在秋季西风起时,想到家乡莼菜羹和鲈鱼脍的美味,便立即辞官回乡。后来的文人将思念家乡、弃官归隐称为莼鲈之思。

(6)季鹰:张翰,字季鹰。

(7)求田问舍,怕应羞见,刘郎才气:《三国志·魏书·陈登传》,许汜(sì)曾向刘备抱怨陈登看不起他,"久不相与语,自上大床卧,使客卧下床。"刘备批评许汜在国家危难之际只知置地买房,"如小人(刘备自称)欲卧百尺楼上,卧君于地,何但上下床之间邪"。求田问舍,置地买房。刘郎,刘备。才气,胸怀、气魄。

(8)流年:流逝的时光。

(9)忧愁风雨:风雨,比喻飘摇的国势。化用宋·苏轼《满庭芳·蜗角虚名》:“百年里,浑教是醉,三万六千场。思量,能几许,忧愁风雨,一半相妨”。

(10)树犹如此:用西晋桓温典。《世说新语·言语》:“桓公北征经金城,见前为琅琊时种柳,皆已十围,慨然曰:‘木犹如此,人何以堪!’攀枝执条,泫然流泪。”此处借抒发自己不能抗击敌人、收复失地,虚度时光的感慨。

(11)红巾翠袖:女子装饰,代指女子。

(12)揾(wèn):擦拭。

辛弃疾(1140—1207),南宋著名词人。字幼安,别号稼轩。21岁参加抗金义军,一生力主抗金。曾上《美芹十论》与《九议》,条陈战守之策。其词抒写力图恢复国家统一的爱国热情,倾诉壮志难酬的悲愤,对当时执政者的屈辱求和颇多谴责;也有不少吟咏祖国河山的作品。题材广阔又善于化用前人典故入词,风格沉雄豪迈又不乏细腻柔媚之处。

这首词是辛词名作之一,上片写景抒情,下片直接言志。它不仅对辛弃疾所在时代的矛盾有充分反映,而且以圆熟精到的艺术手法把内容完美地表达出来,直到今天仍然具有极其强烈的感染力量,使人们百读不厌。

全词通过写景和联想,抒写了作者恢复故土、统一祖国的抱负和愿望无法实现的失意的感慨,深刻揭示了英雄志士有志难酬、报国无门、抑郁悲愤的苦闷心情,极大地表现了词人诚挚无私的爱国情怀。

病起书怀

陆 游

病骨支离纱帽宽，孤臣万里客江干。
位卑未敢忘忧国，事定犹须待阖棺。
天地神灵扶庙社，京华父老望和銮。
出师一表通今古，夜半挑灯更细看。

指点迷津

注释

(1)病起：病愈。

(2)病骨：指多病瘦弱的身躯。支离：憔悴；衰疲。

(3)孤臣：孤立无助或不受重用的远臣。江干：江边；江岸。

(4)忘忧：忘却忧虑。

(5)阖(hé)棺：指死亡，诗中意指盖棺定论。

(6)庙社：宗庙和社稷，以喻国家。

(7)京华：京城之美称。因京城是文物、人才汇集之地，故称。和銮(luán)：同“和鸾”。古代车上的铃铛。挂在车前横木上称“和”，挂在轭首或车架上称“銮”。诗中代指“君主御驾亲征，收复祖国河山”的美好景象。

(8)出师一表：指三国时期诸葛亮所作《出师表》。

(9)挑灯：拨动灯火，点灯。亦指在灯下。

陆游(1125—1210)，字务观，号放翁。南宋著名诗人。受家庭爱国思想熏陶，中年入蜀，投身军旅生活，官至宝章阁待制。晚年退居家乡。创作诗歌今存九千多首，内容极为丰富。著有《剑南诗稿》《渭南文集》《南唐书》《老学庵笔记》等。

本诗作于宋孝宗淳熙三年(1176)四月,陆游时年52岁。被免官后病了20多天,移居成都城西南的浣花村,病愈之后仍为国担忧,为了表现要效法诸葛亮北伐,统一中国的决心,挑灯夜读《出师表》,挥笔泼墨,写下此诗。

本诗贯穿了诗人忧国忧民的爱国情怀,表现了中华子民热爱祖国的伟大精神,揭示了百姓与国家的血肉关系。“位卑未敢忘忧国”这一传世警句,是诗人内心的真实写照,也是历代爱国志士爱国之心的真实写照,这也是它能历尽沧桑,历久常新的原因所在。

过零丁洋

文天祥

辛苦遭逢起一经，干戈寥落四周星。
山河破碎风飘絮，身世浮沉雨打萍。
惶恐滩头说惶恐，零丁洋里叹零丁。
人生自古谁无死？留取丹心照汗青。

指点迷津

注释

(1)零丁洋：零丁洋即“伶仃洋”。现在广东省珠江口外。1278年底，文天祥率军在广东五坡岭与元军激战，兵败被俘，囚禁船上曾经过零丁洋。

(2)遭逢：遭遇。起一经，因为精通一种经书，通过科举考试而被朝廷起用做官。文天祥二十岁考中状元。

(3)干戈：指抗元战争。寥(liǎo)落：荒凉冷落。一作“落落”。四周星：四周年。文天祥从1275年起兵抗元，到1278年被俘，一共4年。

(4)絮：柳絮。

(5)萍：浮萍。

(6)惶恐滩：在今江西省万安县，是赣江中的险滩。1277年，文天祥在江西被元军打败，所率军队死伤惨重，妻子儿女也被元军俘虏。他经惶恐滩撤到福建。

(7)零丁：孤苦无依的样子。

(8)丹心：红心，比喻忠心。

(9)汗青：同汗竹，史册。古代用简写字，先用火烤干其中的水分，干后易写而且不受虫蛀，也称汗青。

文天祥(1236—1283),字宋瑞,自号文山、浮休道人。南宋末年文学家,爱国诗人,民族英雄,与陆秀夫、张世杰并称为“宋末三杰”,著有《文山诗集》《指南录》《指南后录》《正气歌》等。

南宋末年,文天祥在潮州与元军作战,被俘,途经零丁洋时,元军逼迫他招降坚守崖山的宋军,他视死如归、大义凛然,决不屈从,以诗明志,表现了他的高风亮节和的英雄气概。

这首诗饱含沉痛悲凉,既叹国运又叹自身,把家国之恨、艰危困厄渲染到极致,但在最后一句却由悲而壮、由郁而扬,迸发出“人生自古谁无死?留取丹心照汗青”的诗句,慷慨激昂、掷地有声,以磅礴的气势、高亢的语调,显示了诗人的民族气节和舍生取义的生死观。

追求篇

马克·吐温说："当我们觉得一件事是经由自己的努力而赢得的时候，就是极细微的一件事，也会使我们感到幸福。"

每一篇短文，浸润着我们的心灵，这里有丰富的哲理，闪光的智慧，智慧的火焰和赏心悦目的美感，希望你在品读的时候，静享幸福。

火　光

〔俄国〕柯罗连科

很久以前,在一个漆黑的秋天的夜晚,我泛舟在西伯利亚一条阴森森的河上。船到一个转弯处,只见前面黑魆魆的峰下面,一星火光蓦地一闪。火光又明又亮,好像就在眼前……

"好啦,谢天谢地!"我高兴地说,"马上就到过夜的地方啦!"

船夫扭头朝身后的火光望了一眼,又不以为然地划起桨来。"远着呢!"

我不相信他的话,因为火光冲破朦胧的夜色,明明在那儿闪烁。不过船夫是对的:事实上,火光的确还远着呢。

这些黑夜的火光的特点是:驱散黑暗,闪闪发亮,近在眼前,令人神往;乍一看,再划几下就到了……其实却还远着呢!……

我们在漆黑如墨的河上又划了很久。一个峡谷和悬崖,迎面驶来,又向后移去,仿佛消失在茫茫的远方,而火光却依然停在前头,闪闪发亮,令人神往——依然是这么近,又依然是那么远……

现在,无论是这条被悬崖峭壁的阴影笼罩的漆黑的河流,还是那一星明亮的火光,都经常浮现在我脑际。在这以前和在这以后,曾有许多火光,似乎近在咫尺,不只使我一人心驰神往,可是生活之河却仍然在那阴森森的两崖之间流着,而火光也依旧非常遥远。因此,必须加劲划桨……

然而,火光啊……毕竟……毕竟就在前头……

指点迷津

柯罗连科(1853—1921),俄国现实主义作家。著有短篇小说《马卡尔的梦》、中篇小说《盲音乐家》及自传体长篇《我的同时代人的故事》等。

柯罗连科一生写了不少评论、通讯和特写,抨击腐败的政府和社会制度。他创作了《索罗庆采悲剧》《司空见惯的现象》,揭露沙皇政府迫害人民的暴行。他始终坚决反对君主专制政体,创作充满着社会政治的主题,洋溢着民主思想和人文精神,比较多地表现了人民的觉醒和他们向往自由和真理的意志。

作者鼓励青年人:火光在前,希望在前,克服沮丧和烦恼的情绪,努力前行,不断追求,向着光明前进,那么,终将到达光明的彼岸。文章短小精悍,寓意深刻,凝结着作者对人生坎坷经历的认知和对青年一代的热切期望。

把《火光》当作一篇励志的文章,那只是理解了《火光》的一部分含义,还有更加深刻的寓意,"火光"代表着希望、愿望以及一切自己想得到的东西。火光让人心驰神往,好像就在眼前,只要坚持不懈地朝着希望的方向努力,那就一定会达成的。

向 日 葵

〔墨西哥〕博里奥

向日葵快乐的金黄的圆形花朵开放在玛雅的田野上，开放在一切朴实的光和优美的草中间，宛似在山头上照耀。

那似乎在注视着你的花，其实不是在看你，而是在看神圣的太阳。既然她不看下面，你便可以通过她看上面。她正是为此才让你看的，为了使你记得阳光，记得那一看就晃你眼睛的阳光。

当白昼刚刚张开嘴巴吞噬黑夜，向日葵就昂起额头仰望天上的光芒。她从始至终坚定不移地注视着太阳。似乎这平凡的花朵已经成为太阳的化身。她与太阳相像，因为除了太阳，什么也不看。

请坐在她面前，一边看着她一边振奋你的精神思考。请看那花朵如何开放，又如何接受降临在她身上的温暖而又清晰的爱情。在世界万物之中，她似乎独钟于此。

你会看到为了注视闪光的太阳，她怎样慢慢地低下头来并转过身去。然后当白昼就寝、夜幕降临时，她又怎样收缩封闭起来，以珍藏接受到的阳光。

请仔细地观察并学习她。当你碰到这幸福的花朵时，不要将她拔起，而要爱抚她，满怀深情地闻闻她。如果你追求点什么，那就使你的灵魂深处和她一样，全心全意地做她所做的事情吧。

指点迷津

读着这篇优美的散文，我们仿佛跟作者坐到了一起，坐在一望无垠的田野，注视着金黄色的向日葵深情地凝望着太阳，这是她的专注，虔诚，让我们看着她的时候，感受她身上的那种不平凡。

有梦想就会有追求，就如同这向日葵一样，坚定执着地努力去拼搏，在追求的过程中，你将体验到什么是幸福。

如果你追求点什么，那就使你的灵魂深处和她一样，全力以赴做她所做的事情吧。

观沧海

曹 操

东临碣石，以观沧海。
水何澹澹，山岛竦峙。
树木丛生，百草丰茂。
秋风萧瑟，洪波涌起。
日月之行，若出其中；
星汉灿烂，若出其里。
幸甚至哉，歌以咏志。

指点迷津

注释

(1)碣石：山名。碣石山，在现在河北省昌黎县的碣石山。公元207年秋天，曹操征乌桓时经过与此。

(2)何：多么。

(3)澹澹：水波摇荡的样子。

(4)竦峙：高高耸挺立。竦通“耸”，高。峙：挺立。

(5)星汉：银河。

(6)幸甚至哉：庆幸得很，好极了。

(7)咏志：即表达心志。

曹操(155—220)，字孟德，东汉末年杰出的政治家、军事家、文学家、书法家。三国曹魏政权的缔造者，其子曹丕称帝后，追尊为武皇帝，庙号太祖。曹操善诗歌，抒发自己的政治抱负，并反映汉末人民的苦难生活，气魄雄伟，慷慨悲凉；散文亦清峻整洁，开启并繁荣了建安文学，给后人留下了宝贵的精神财富，史称建安风骨，鲁迅评价其为“改造文章的祖师”。

在这首诗中，景和情是紧密结合着的。作者通过写沧海，抒发了他统一中国建功立业的抱负。但这种感情在诗中没有直接表露，而是把它蕴藏在对景物的描写当中，寓情于景中，句句写景，又是句句抒情。“水何”六句虽然是在描绘生气勃勃的大海风光，实际上在歌颂祖国壮丽的山河，透露出作者热爱祖国的感情。目睹祖国山河壮丽的景色，更加激起了诗人要统一祖国的强烈愿望。于是借助丰富的想象，来充分表达这种愿望。作者以沧海自比，通过写大海吞吐宇宙的气势，来表现诗人自己宽广的胸怀和豪迈的气魄，感情奔放，却很含蓄。“日月”四句是写景的高潮，也是作者感情发展的高潮。宋人敖陶孙说曹诗“如幽燕老将，气韵沉雄”。《观沧海》这首诗意境开阔，气势雄浑，这与一个雄心勃勃的政治家和军事家的风度是一致的，真是使人读其诗如见其人。

望 岳

杜 甫

岱宗夫如何？齐鲁青未了
造化钟神秀，阴阳割昏晓。
荡胸生层云，决眦入归鸟。
会当凌绝顶，一览众山小。

指点迷津

注释

(1)岱宗：泰山亦名岱山或岱岳，五岳之首，在今山东省泰安市城北。古代以泰山为五岳之首，诸山所宗，故又称“岱宗”。历代帝王凡举行封禅大典，皆在此山，这里指对泰山的尊称。夫(fú)，句首发语词，无实在意义，语气词，强调疑问语气。如何：怎么样。

(2)齐鲁：古代齐鲁两国以泰山为界，齐国在泰山北，鲁国在泰山南。原是春秋战国时代的两个国名，在今山东境内，后用齐鲁代指山东地区。青未了：指郁郁苍苍的山色无边无际，浩茫浑涵，难以尽言。青：指苍翠、翠绿的美好山色。未了：不尽，不断。

(3)造化：大自然。钟：聚集。神秀：天地之灵气，神奇秀美。

(4)阴阳：阴指山的北面，阳指山的南面。这里指泰山的南北。割：分。夸张的说法。此句是说泰山很高，在同一时间，山南山北判若早晨和晚上。昏晓：黄昏和早晨。极言泰山之高，山南山北因之判若清晓与黄昏，明暗迥然不同。

(5)荡胸：心胸摇荡。曾：同“层”，重叠。

(6)决眦(zì)：眦：眼角。眼角(几乎)要裂开。这是由于极力张大眼睛远望归鸟入山所致。决：裂开。

(7)会当:终当,定要。凌:登上。凌绝顶:即登上最高峰。

杜甫(712—770),字子美,自号少陵野老,唐代伟大的现实主义诗人,与李白合称“李杜”。杜甫在中国古典诗歌中的影响非常深远,被后人称为“诗圣”,他的诗被称为“诗史”。主要作品有《春望》《北征》《三吏》《三别》等名作。

《望岳》是杜甫创作的一首五言诗,充满了诗人青年时代的浪漫与激情。全诗没有一个“望”字,却紧紧围绕诗题“望岳”的“望”字着笔,由远望到近望,再到凝望,最后是俯望,描绘了泰山雄伟磅礴的景象,热情赞美了泰山高大巍峨的气势和神奇秀丽的景色,流露出了对祖国山河的热爱之情,表达了诗人不怕困难、敢攀顶峰、俯视一切的雄心和气概,以及卓然独立、兼济天下的豪情壮志。

门 槛

〔俄国〕屠格涅夫

我看见一所大厦。正面一道窄门大开着,门里一片阴暗的浓雾。高高的门槛外面站着一个女郎……一个俄罗斯女郎。

浓雾里吹着带雪的风,从那建筑的深处透出一股寒气,同时还有一个缓慢、重浊的声音问着:"啊,你想跨进这门槛来做什么?你知道里面有什么东西在等着你?"

"我知道。"女郎这样回答。

"寒冷、饥饿、憎恨、嘲笑、轻视、侮辱、监狱、疾病,甚至于死亡?"

"我知道。"

"跟人们的疏远,完全的孤独?"

"我知道,我准备好了。我愿意忍受一切的痛苦,一切的打击。"

"不仅是你的敌人,就是你的亲戚,你的朋友也都要给你这些痛苦、这些打击?"

"是……就是他们给我这些,我也要忍受。"

"好。你也准备着牺牲吗?"

"是。"

"这是无名的牺牲,你会灭亡,甚至没有人……没有人知道,也没有人尊崇地纪念你。""我不要人感激,我不要人怜惜。我也不要名声。"

"你甘心去犯罪?"

姑娘埋下了她的头。

"我也甘心……去犯罪。"

里面的声音停了一会儿。过后又说出这样的话:

"你知道将来在困苦中你会否认你现在这个信仰,你会以为你是白白地浪费了你的青春?"

“这一层我也知道。我只求你放我进去。”

“进来吧。”

女郎跨进了门槛。一幅厚帘子立刻放下来。

“傻瓜!”有人在后面嘲骂。

“一个圣人!”不知道从什么地方传来了这一声回答。

指点迷津

从视觉、触觉、听觉等多个感觉器官,通过一连串的对答……

体验着这首散文诗对心灵的撞击。屠格涅夫似乎把每个人都带到了这座令人颤栗的“门槛”前,来聆听那近乎严酷考验式的问询。然而,令人感受最深的莫过于那“门槛”内传出的“寒冷、饥饿、憎恨、嘲笑、蔑视、侮辱、监狱、疾病,甚至于死亡?”的信息。此外,还有“疏远”“孤独”和“准备牺牲”。作家极尽渲染之能事,几乎用尽人们可以想象到的所有表现残酷的词语,其目的却在于衬托那位站立在“门槛”前,就要走进来的俄罗斯姑娘。

姑娘,对这一切都“知道”,并“准备好了”。其坚毅与果决已经着实令人钦佩了。可更深一层的痛苦——亲戚、朋友的打击,姑娘也能“忍受”。为了把姑娘的形象刻画得更深刻,文章写道,你准备着无名的牺牲吗;你会灭亡,没有一个人,甚至没有一个人会尊敬地怀念你。但无论如何,姑娘还是要走进这革命的“门槛”。她真的走进来了,随之而来的就是两种截然不同的评判(当然这是意料之中的)。我们说,这是一个普普通通的姑娘,又的确是一位真真正正的“圣人”啊!这是作家的赞叹,也是每一个读者的由衷的赞叹。

这是典型的象征手法的运用,含蓄与深刻的功力简直无可限量。作家对象征性物象的选择显示着作家所独有的创造性。一个“门槛”隔开了两个世界,隔开了两种人生,考验着革命者的勇气和真诚,检验着一个战士对世界的认知和对生命价值的判定。“门槛”作为一个可视而又寓含深广的象征符号,它所带给人们的启示与想象,当是无法穷尽的,具有强烈的艺术魅力。

鹰 之 歌

〔苏联〕高尔基

蛇,高高地爬到山里去,躺在潮湿的山谷里,盘成一圈,望着海。太阳高高的在天空中照耀着,群山向天空中喷出热气,波浪在下面冲击着石头。沿着山谷,在黑暗中、在飞沫里,山泉轰隆隆地冲击着石头,迎着大海奔腾而去。雪白的、激烈的山泉,完全浸在泡沫里,它切开山岭,怒吼着倒入海去。

忽然,在蛇所待的那个山谷里,天空中坠下一只胸膛受伤、羽毛上染着血迹的鹰。他短促地叫了一声,坠在地上,怀着无可奈何的愤怒,胸膛撞在坚硬的石头上。

蛇吓了一大跳,敏捷地爬开。但是,马上看出这鸟儿的生命只能维持两、三分钟了。他爬到那受伤的鸟儿跟前,面对着他轻声地说:“怎么啦,你要死了么?”

“是的,要死了。”鹰深深地叹了一口气回答说。“啊,我美好的生活过了,我懂得什么是幸福。我英勇地战斗过了,我见过天!哦,你是不会那么近的看到天的。唉,你这可怜虫。”

“那有什么了不起。天么?空空洞洞的,我怎么能在天上爬呢?我在这里很好,又温暖、又滋润。”蛇对那自由的鸟儿这样回答。他听了那鸟儿的胡言乱语,心中暗暗好笑。而且,蛇还这样想:“哼,飞也好、爬也好,结果还不是一样,大家都要埋入黄土,都要化为灰尘的?”但是,那勇敢的鹰忽然抖擞精神,微微地挺起身来,向山谷里看了一眼。水穿过灰色的石头滴下来,阴暗的山谷里气闷不堪,散发这腐臭的气味。鹰使出全身精力,悲哀而痛苦地喊叫起来:“啊,要是能够再飞到天上去一次,那该多好呀!我要把敌人紧压在胸膛的伤口上,让我的血呛死他。哦,战斗是多么幸福啊!”

但是,蛇却想:“天上的生活吗,哦,大概的确是很愉快的吧。要不然为什么他要呻吟呢?”他给那自由的鸟儿出了个主意。“哎,那么,你挪到山谷边,跳下去。

也许翅膀会把你托起来,你就可以在你的世界里再活一些时候啦。”鹰颤抖了一下,高傲地叫了一声,顺着石头上的黏液滑到悬崖边上。到了边上,他伸开翅膀,胸中吸足了气,眼睛里闪着光辉,向下面滚去。他像石头似的顺着山崖滑下去,迅速地下坠。啊,翅膀折断,羽毛也掉下了。山泉的波浪把他卷入,泡沫里映着血,冲到海里去。海浪发出悲伤的吼声撞击着石头,那鸟儿连尸体都看不见了。

蛇躺在山谷里,对于那鸟儿的死亡,对于那向往天空的热情,想了很久。他注视着那令人看了总要产生幸福的幻想的远方:“那死去的鹰,他在这没有底、没有边的天上,究竟看见了什么呢?像他这样,为什么在临死的时候,要为了热爱飞到天空中去而心里苦恼呢?嗨,我只要飞到天空中去一次,不久就可以把这一切看清楚了。”说了就做。他盘成一圈儿,向天空中跳去,像一条窄长的带子似的,在太阳光下闪耀了一下。

天生要爬的是飞不起来的,这他忘记了。结果掉在石头上,嗯,不过没有摔死。他哈哈大笑起来:“哈哈,你们瞧哇,飞到天空中去有什么好呀?好就好在掉下来了吗?嘿嘿,可笑的鸟儿呀,他们不懂得地上的好处,呆在地上就发愁,拼命想飞到天空中去,到炎热的天空中去追求生活。天上不过空空洞洞,那里光明倒是很光明的。但是没有吃的东西,没有支持活的东西的立脚点。嗨,为什么要高傲呢?为什么埋怨呢?为什么要拿高傲来掩饰自己的狂热的愿望呢?自己不能生活下去,为什么要埋怨呢?哼,可笑的鸟儿呀。不过,现在我再也不会受他们的骗了,我什么都懂得了,我见过了天。我已经飞到天空中去过,而且把天空打量了一下,认识到了掉下来的滋味儿。但是没有摔死,自信心倒是更强了。哦,让那些不喜欢地上的,靠欺骗去生活吧。我是懂得真理的,他们的口号,我不会相信了。我是大地的造物,我还是靠大地生活吧。”于是,他就在石头上自豪地盘成一团。

海还在灿烂的光辉中闪耀,浪涛威严地冲击着海岸。在浪涛的吼声中,轰隆隆地响着颂赞那高傲的鸟儿的歌声。山岩被浪涛冲击得发抖,天空被那威严的歌声震撼得战栗了。我们歌颂勇士们的狂热的精神。勇士们的狂热的精神,就是生活的真理。啊,勇敢的鹰,在和敌人的战斗中,你流尽了血。但是,将来总有一天,你那一点一滴的热血将像火花似的,在黑暗的生活中发光。许多勇敢的心,将被自由、光明的狂热的渴望燃烧起来。你就死去吧。但是,在精神刚强的勇士们的歌曲里,你将是生动的模范,是追求自由、光明的号召。我们歌颂勇士们的狂热的精神!

指点迷津

高尔基(1868—1936),苏联著名作家、诗人,评论家,政论家、学者,是社会主义现实主义文学奠基人,无产阶级艺术伟大的代表者、无产阶级革命文学导师、苏联文学的创始人之一。高尔基不仅是伟大的文学家,也是杰出的社会活动家。

1892年用笔名“马克西姆·高尔基”发表处女作短篇小说《马卡尔·楚德拉》,从此登上文坛。1901年他创作了著名的散文诗《海燕之歌》,受到列宁的热烈称赞。

《鹰之歌》是俄国著名作家马克西姆·高尔基的早期作品,提出了应该怎样生活的问题。该首散文诗通过一个鞑靼族老牧人拉吉姆讲述的鹰和蛇的故事,塑造了两个对比强烈的鲜明形象——只会爬行的蛇和永远高飞的鹰。从对比中作者突出了鹰之高大,蛇之渺小;鹰之高尚,蛇之低俗;鹰之英姿,蛇之丑陋;鹰之奋不顾身,蛇之贪生怕死。《鹰之歌》的主题思想,即是颂扬自由和为争取自由而进行的斗争。作者把鹰作为革命战士的形象、“生活的榜样”来塑造、来歌颂。

高尔基在这首具有浓烈浪漫主义色彩的散文诗里,塑造了两个决然不同的形象:鹰的形象——先进的革命的英雄形象和蛇的形象——自私保守的市侩形象。作者通过这两一个形象,以新颖、高亢的风格,明快、有力的语言,抨击了安于现状,苟且偷安的市侩心理,颂扬了人民对自由、幸福和美好未来的追求。

二十年后

〔美国〕欧·亨利

纽约的一条大街上,一位值勤的警察正沿街走着。一阵冷飕飕的风向他迎面吹来。已近夜间10点,街上的行人寥寥无几了。

在一家小店铺的门口,昏暗的灯光下站着一个男子。他的嘴里叼着一支没有点燃的雪茄烟。警察放慢了脚步,认真地看了他一眼,然后,向那个男子走了过去。

“这儿没有出什么事,警官先生。”看见警察向自己走来,那个男子很快地说,“我只是在这儿等一位朋友罢了。这是20年前定下的一个约会。你听了觉得稀奇,是吗?好吧,如果有兴致听的话,我来给你讲讲。大约20年前,这儿,这个店铺现在所占的地方,原来是一家餐馆……”

“那餐馆5年前就被拆除了。”警察接上去说。

男子划了根火柴,点燃了叼在嘴上的雪茄。借着火柴的亮光,警察发现这个男子脸色苍白,右眼角附近有一块小小的白色的伤疤。

“20年前的今天晚上,”男子继续说,“我和吉米·维尔斯在这儿的餐馆共进晚餐。哦,吉米是我最要好的朋友。我们俩都是在纽约这个城市里长大的。从孩提时候起,我们就亲密无间,情同手足。当时,我正准备第二天早上就动身到西部去谋生。那天夜晚临分手的时候,我们俩约定:20年后的同一日期、同一时间,我们俩将来到这里再次相会。”

“这听起来倒挺有意思的。”警察说,“你们分手以后,你就没有收到过你那位朋友的信吗?”

“哦,收到过他的信。有一段时间我们曾相互通信。”那男子说,“可是一两年之后,我们就失去了联系。你知道,西部是个很大的地方。而我呢,又总是不断地东奔西跑。可我相信,吉米只要还活着,就一定会来这儿和我相会的。他是我最信得过的朋友啦。”

说完,男子从口袋里掏出一块小巧玲珑的金表。表上的宝石在黑暗中闪闪发光。“九点五十七分了。”

他说,“我们上一次是十点整在这儿的餐馆分手的。”

“你在西部混得不错吧?”警察问道。

“当然啰!吉米的光景要是能赶上我的一半就好了。啊,实在不容易啊!这些年来,我一直不得不东奔西跑……”

又是一阵冷飕飕的风穿街而过。接着,一片沉寂。他们俩谁也没有说话。过了一会儿,警察准备离开这里。

“我得走了,”他对那个男子说,“我希望你的朋友很快就会到来。假如他不准时赶来,你会离开这儿吗?”

“不会的。我起码要再等他半个小时。如果吉米他还活在人间,他到时候一定会来到这儿的。就说这些吧,再见,警官先生。”

“再见,先生。”警察一边说着,一边沿街走去,街上已经没有行人了,空荡荡的。

男子又在这店铺的门前等了大约二十分钟的光景,这时候,一个身材高大的人急匆匆地径直走来。他穿着一件黑色的大衣,衣领向上翻着,盖住了耳朵。

“你是鲍勃吗?”来人问道。

“你是吉米·维尔斯?”站在门口的男子大声地说,显然,他很激动。

来人握住了男子的双手。“不错,你是鲍勃。我早就确信我会在这儿见到你的。啧,啧,啧!20年是个不短的时间啊!你看,鲍勃!原来的那个饭馆已经不在啦!要是它没有被拆除,我们再一块儿在这里面共进晚餐该多好啊!鲍勃,你在西部的情况怎么样?”

“喔,我已经设法获得了我所需要的一切东西。你的变化不小啊,吉米。我原来根本没有想到你会长这么高的个子。”

“哦,你走了以后,我是长高了一点儿。”

“吉米,你在纽约混得不错吧?”

“一般,一般。我在市政府的一个部门里上班,坐办公室。来,鲍勃,咱们去转转,找个地方好好叙叙往事。”

这条街的街角处有一家大商店。尽管时间已经不早了,商店里的灯还在亮着。来到亮处以后,这两个人都不约而同地转过身来看了看对方的脸。

突然间,那个从西部来的男子停住了脚步。

“你不是吉米·维尔斯。”他说,“20年的时间虽然不短,但它不足以使一个人变得容貌全非。”从他说话的声调中可以听出,他在怀疑对方。

“然而,20 年的时间却有可能使一个好人变成坏人。”高个子说,“你被捕了,鲍勃。芝加哥的警方猜到你会到这个城市来的,于是他们通知我们说,他们想跟你‘聊聊’。好吧,在我们还没有去警察局之前,先给你看一张条子,是你的朋友写给你的。”

鲍勃接过便条。读着读着,他微微地颤抖起来。便条上写着:

鲍勃:刚才我准时赶到了我们的约会地点。当你划着火柴点烟时,我发现你正是那个芝加哥警方所通缉的人。不知怎么的,我不忍自己亲自逮捕你,只得找了个便衣警察来做这件事。

指点迷津

本文是美国作家欧·亨利的作品。描写一对在纽约一起长大、情同兄弟的朋友鲍勃和吉米·威尔斯,他们在鲍勃即将启程去西部冒险的时候,约定20年后在同样的时间、地点再次见面。20 年来,他们谁也不曾忘记过这个约定。鲍勃从西部不远万里来赴约,支撑他的是只要对方还记得这次约定,那无论做什么都是值得的。对于鲍勃来说,吉米永远都是最忠实、最令他信任的朋友。然而,20 年后再见面时,等待他们的不是重逢的喜悦,命运却把他们分别放在了法律天平的两端,鲍勃是警方正在通缉的要犯,而吉米却是接到命令努力追捕“狡猾的鲍勃”的警察。对于吉米来说,究竟是继续保持对挚友的忠诚,还是履行自己作为警察的职责,他最终选择了后者。

小说的故事情节虽简单,但读起来却一波三折,无论开头还是结尾,抑或作者语言的使用,都让读者感到印象深刻。同时,简单的故事情节并没有削弱故事对社会现实的反映,同学们在阅读完本文之后,你对故事有什么思索,对人的一生应该追求什么是不是有了新的认识呢?

时光篇

时光匆匆,岁月荏苒,白驹过隙,弹指一挥间。

所有逝去的事物,都如时间一去不复返。

珍惜时间,让我们的生命长河更加灿烂;珍惜时间,让我们的人生道路更加精彩……

匆 匆

朱自清

燕子去了,有再来的时候;杨柳枯了,有再青的时候;桃花谢了,有再开的时候。但是,聪明的,你告诉我,我们的日子为什么一去不复返呢?——是有人偷了他们罢:那是谁?又藏在何处呢?是他们自己逃走了罢:现在又到了哪里呢?

我不知道他们给了我多少日子;但我的手确乎是渐渐空虚了。在默默里算着,八千多日子已经从我手中溜去;像针尖上一滴水滴在大海里,我的日子滴在时间的流里,没有声音,也没有影子。我不禁头涔涔而泪涔涔了。

去的尽管去了,来的尽管来着;去来的中间,又怎样地匆匆呢?早上我起来的时候,小屋里射进两三方斜斜的太阳。太阳他有脚啊,轻轻悄悄地挪移了;我也茫茫然跟着旋转。于是——洗手的时候,日子从水盆里过去;吃饭的时候,日子从饭碗里过去;默默时,便从凝然的双眼前过去。我觉察他去的匆匆了,伸出手遮挽时,他又从遮挽着的手边过去,天黑时,我躺在床上,他便伶伶俐俐地从我身上跨过,从我脚边飞去了。等我睁开眼和太阳再见,这算又溜走了一日。我掩着面叹息。但是新来的日子的影儿又开始在叹息里闪过了。

在逃去如飞的日子里,在千门万户的世界里的我能做些什么呢?只有徘徊罢了,只有匆匆罢了;在八千多日的匆匆里,除徘徊外,又剩些什么呢?过去的日子如轻烟,被微风吹散了,如薄雾,被初阳蒸融了;我留着些什么痕迹呢?我何曾留着像游丝样的痕迹呢?我赤裸裸来到这世界,转眼间也将赤裸裸的回去罢?但不能平的,为什么偏要白白走这一遭啊?

你聪明的,告诉我,我们的日子为什么一去不复返呢?

一九二二·三·二十八

指点迷津

朱自清(1898—1948),原名自华,号秋实,改名自清,字佩弦,现代著名散文家、诗人、学者、民主战士。主要作品有《雪朝》《踪迹》《背影》《春》《欧游杂记》《你我》。

朱自清是我国现代文学史上著名的散文大家。他的散文以清新、朴实、优美著称,风格独特,自成一体,许多作品成为脍炙人口的经典名篇,而《匆匆》就是其中一篇。

《匆匆》写于1922年3月,文章紧紧围绕着"匆匆"二字,从人们习以为常而又易于忽略的物象,寄情述怀,感叹人生短促,告诫人们要珍惜时间,爱惜生命,有所作为。

全文篇幅短小,语言丰富,含义深刻,运用了排比、对比、拟人、比喻、反问等多种修辞手法,写得生动形象,展示出作者的内心世界。结尾一句照应了开头,突出了作者关于时光匆匆的感慨,引人深思。

努 力

陶行知

努力，
努力，
努力向前进，
努力向上进，
先把脚步儿站稳，
再把方向儿认定。
一步，一步的走，
一步，一步的近。
千万不要回过头来，
别人的闲话也不要听。
战胜困难全靠要自信。
努力，
努力，
创造个好命运，
自己的力量要尽。

指点迷津

陶行知(1891—1946)，安徽省徽州人，祖籍绍兴，人民教育家、思想家，伟大的民主主义战士，爱国者，中国人民救国会和中国民主同盟的主要领导人之一。提出了"生活即教育""社会即学校""教学做合一"三大主张，生活教育理论是陶行知教育思想的理论核心。著有《中国教育改造》《行知书信》《行知诗歌集》。著名的教育名言：捧着一颗心来，不带半根草去。

《努力》是一首鼓励青少年要珍惜时间,努力上进的教育诗,这首诗歌闪耀着陶行知教育思想的光辉。诗歌分为三层:第一层是希望青少年方向要明,脚步要稳;第二层写在稳步前进中坚忍不拔,不畏困难,充满自信,坚定努力地向前走去;第三层是鼓励青少年奋勇前行,开创新的人生。全诗语言朴素,饱含生活经验和人身哲理。同学们读完此诗,你是否已经准备扬帆远航,描绘人生美好的蓝图?

长 歌 行

《乐府诗集》

青青园中葵,朝露待日晞。
阳春布德泽,万物生光辉。
常恐秋节至,焜黄华叶衰。
百川东到海,何时复西归?
少壮不努力,老大徒伤悲。

指点迷津

行(xíng):古代歌曲的一种体裁,歌行体的简称,诗歌的字数,和句子的长度不受限制。长歌行是指"长声歌咏"为曲调的自由式歌行体。

这首诗选自《乐府诗集》卷三十,属相和歌辞中的平调曲。汉代的五言古诗,许多是慨叹年命短促、鼓吹及时行乐的。这首诗从整体构思看,主要意思是说时节变换得很快,光阴一去不返,因而劝人要珍惜青年时代,发奋努力,使自己有所作为。那么身为莘莘学子的你们读完此诗,是否也要把握现在,在未来有所作为呢?

时　钟

〔苏联〕高尔基

一

滴答，滴答！

在万籁俱寂的夜里，独自一人倾听钟摆冷漠无情、连续不断的滴答声，是会觉得阴森可怕的。这种声音单调一律，像数学一样精确，永远重复着一句话：生活在不知疲倦地前进。黑暗和睡梦笼罩着大地，万物默默无声，——只有时钟冷冷地、大声地向人们报告分秒的逝去……钟摆在滴答作响，每一响都标志着生命缩短一秒钟，标志着大自然赋予我们每人生命中的一瞬已经一去不复返了。这些分分秒秒是从何处来，又向何处去？谁也回答不了这个问题……还有许多别的、更重要的问题没有答案，而我们的幸福却又取决于这些问题的解答。怎样生活才能觉得自己是生活所需要的人？怎样生活才能不失掉信念和愿望？怎样生活才能使度过的每一秒钟都能激励我们的精神和智慧？永无休止地运动着的时钟也许有一天会回答这一切？——它会说些什么呢？

二

滴答，滴答！

世上没有比时钟更冷漠无情的了。它总是那样节奏准确地响着，在你诞生的时候是如此，在你贪婪地摘下青春幻想花朵的时候也是如此。人从出生之日起，每过一天便向死亡靠近一步。而在你濒死语哽时，时钟也将枯燥地、无动于衷地计算着你末日的分秒。在它冷冰冰的计算中——请仔细听——响着一种因洞悉一切而感到倦困倦怠的声音。自古至今任何东西也不曾使它激动、使它感到珍贵。它是冷漠无情的。所以，如果我们想生活，就必须为自己创造出另一种时钟，思想感情

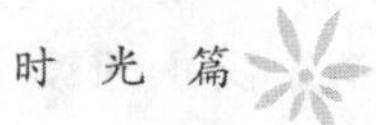

丰富的、勇于行动的时钟，来代替这种乏味、单调、以其阴郁伤人心神、含有责备意味冷冷作响的时钟。

三

滴答，滴答！

在时钟不知疲倦的运动中没有静止点——什么东西我们能称作“现在的”呢？一秒刚诞生，第二秒便随之而来，把前者推进到未知的深渊……滴答，你是幸福的。滴答！痛苦的灼人的毒液又流进你的心房。如果你不想方设法用新的、充满活力的东西充实你生活的每一秒钟，这痛苦就可能成为你终身伴侣，伴随你度过生命的分分秒秒。苦难是诱人的，这是一种危险的特殊享受。有了它，我们通常便不再寻找别的、更崇高的做人的权利了。然而这种苦难，因为触目皆是而变得身价低廉，已不为人们所注目了。所以，苦难未必值得珍视，——应该用一些更独特、更可贵的东西来充实自己，——不是吗？苦难——是一种跌了价的黄金。不应该向任何人抱怨生活；安慰的话语中很少包含着人们寻找的那种东西。生活只是在人们同妨害他们生活的东西斗争时，才会变得更丰富、更有趣味。在斗争中那些烦人的、枯燥的时间会在不知不觉中飞逝而去。

四

滴答，滴答！

人的生命短得可笑。怎样生活？一些人千方百计逃避生活，另外一些人把自己整个身心献给了它。前一种人在晚年时精神空虚，无所回忆；后一种人精神和回忆都是丰富的。两种人都要死去，如果他们不把自己的智慧、身心无私地献给生活，他们在世上都会一无所留……而当你们濒临死亡时，时钟将无情地计算你们弥留的时刻——滴答！就在同时，每秒钟又会有新人诞生。可你已经不在人世，除了你的躯体，你的任何东西都不会在生活中留下，而这躯体也将腐烂发臭。机械呆板的造物者把你投胎世界，而后又把你拖离人间，如此而已，——难道你的尊严能不为此恼怒吗？假如你是骄矜的，因顺从时间的秘密使命而感到屈辱，那就在生活中加深对自己的认识吧！想一想你在生活中扮演的角色：一块制成的砖，静静躺在一座楼房内，后来变成了粉末，消逝不见了……做这样一块砖是乏味的，庸俗的，是不是？如果你有智慧和精神，如果你想体验生活中那些美好的、思想感受丰富的动荡时刻，就不要同这块砖一样吧！

五

滴答,滴答!

如果你仔细思考一下,在这时钟无限的运动中你本身具有多大价值,——你会认识到自己是微不足道的,并因而心情沉重。这种意识会使你觉得是受了侮辱!这种意识将唤起你的骄矜,你将对贬低你的生活产生敌意,并宣布同它斗争。以什么名义呢?当大自然剥夺了人类用四肢爬行的能力时,又给了他一根拐杖,这就是理想!从那时起他就无意识地、本能地追求美好的东西,天天向上。把这种追求变成自觉的吧,让人们懂得,只有在对美好事物的自觉追求中,才有真正的幸福。不要埋怨自己无能,什么也不要埋怨。你的诉苦给你带来的只能是精神贫乏的人们的怜悯和施舍。人们都是同样不幸的,但是最不幸的还是那些用不幸来美化自己的人。这些人比任何别人都更渴求对自己的赏识,可又偏偏最不值得别人青睐。向前、追求——这才是生活的目的。让整个生活都成为一种追求吧,届时生活中将出现一种高度美好的时刻。

六

"人的道路既然遮隐,神又把他四面围困,为何有光赐给他呢?"这是老约伯(《圣经》中的人物)问上帝的话。现在已经没有这样的勇敢的人了,他铭记自己是上帝的儿女、是按照上帝的模样创造出来的,敢于像老约伯那样质问上帝。现在的人们自视卑贱。他们并不怎样热爱生活,甚至不会热爱自己。然而却惧怕死亡,虽然人所共知死亡是不可避免的。不可避免的东西总是合乎规律的。须知从人在地球上出现时起,死亡的过程便已开始,是该明白这一真理的时候了。意识到此生不虚,可以消除对死亡的恐惧;忠诚走过的生活道路,会给人一个安宁的结尾。滴答……人死后只有他的事业留存下来。他的时刻同他的愿望一起中断了,而另一种时刻,对他生活作出评价的严峻时刻将接踵而至。

七

滴答,滴答!

其实,在这矛盾错综、充斥着谎言和仇恨的世界上,一切都是非常简单的。如果人们能互相洞察内心和各有知己,那么一切就会变得更加简单。独自一人总是渺小的,除非他是一位伟人。我们应当互相了解:因为我们的思想要比我们说话明智、清晰得多。人要想在别人面前敞开心房,却痛感言辞贫乏,生活中很多伟大、重要的智慧都湮灭了,完全归咎于不能及时找到所需的表达形式。诞生了一种思想,极欲把它体现在语言之中,清晰有力的语言之中……然而竟找不到恰当的言辞。更加关心思想吧!帮助它诞生吧!你们的这种劳动会得到酬报的。到处,在一切事物中都包含着思想——甚至在石头缝中也会发现它,只要你有这种愿望。只要人们想获得一切,就能获得一切;只要他们想成为生活的主宰,就可以成为主宰,而不是像现在这样,做生活的奴隶。只要有生活的愿望,骄傲地意识到自己的力量,整个生活便会成为充分表现精神力量的时刻,创造令人惊叹的神圣的丰功伟绩的时刻——美妙的时刻,伟大的时刻。

八

滴答,滴答!

精神坚强的、勇敢的人们,——献身于真理、正义和美的人们万岁!我们不认识他们,因为他们是高傲的,不求奖赏;我们看不到他们是如何欢乐地燃烧着自己的心。他们用耀眼的光辉照亮生活,使盲人看见了天日。应该让更多的盲人能看到天日,应该让所有的人都能看到他们的生活是多么荒唐、不公正、不合理,对这种生活觉得可怕和厌恶。能主宰自己愿望的人万岁!全世界都在他的心中,全世界的痛苦,全人类的苦难都在他的心灵里。生活的罪恶和污浊,生活的谎言和残忍—是他的敌人;他把自己全部的时刻慷慨地献给斗争;他的生活充满着狂烈的欢乐,美妙的愤怒,高傲的不屈不挠精神……不吝惜自己——这是世界上最骄傲、最美的智慧。不吝惜自己的人万岁!只有两种生活方式:腐烂和燃烧。胆小鬼和贪婪之徒选择前者,勇敢和慷慨无私的人选择后者;每个热爱美的人都清楚,伟大寓于何处。我们生活的时钟是空虚、乏味的时钟;不要吝惜自己,让我们用美丽的功勋来充实它吧,惟有如此我们才能感受到充满欢乐悸动、洋溢炽热豪情的美妙时刻!不吝惜自己的人万岁!

指点迷津

本文标题《时钟》是一种双关说法,一是指“生活时钟”,它是“空虚、枯燥的”;二是指“充满感受、思索和行动的时钟”,“只要有生活的愿望和对自身力量的自信,那整个一生将会是一座壮丽的时钟”。显然,前者是指时间本身,后者是指善于驾驭时间的人。

《时钟》写于十月革命之前，是在白色恐怖统治下完成的。这是一篇具有战斗力的檄文，也是慷慨激昂的号召书。它号召人们不要屈服于苦难的压力而不能自拔，不要诉苦，也不要埋怨生活，要同“生活中的凶暴与污秽，虚伪与残忍”作斗争，要珍惜生命，热爱生命，也不要贪恋生命，要让生命永远闪光。

本文每一部分都是通过“滴答，滴答！”的时钟摆动声联系起来的。这“滴答，滴答！”的钟声一成不变地表明：时间易逝，所以自然而然地提醒着人们应该怎样珍惜时间，应该怎样生活。

本文采用诗歌中常用的重章叠句手法，每一个部分都以象声词“滴答，滴答！”作开头。“滴答，滴答！”节奏准确，音调和谐，给人非常鲜明的音乐感。从结构角度看，每一小节都以“滴答，滴答！”作开头，使文章脉络清晰，层次分明。

读完此文，同学们是否思考我们对未来应该有怎样的目标和追求，我们的人生应该怎样度过呢！

生命的三分之一

邓 拓

一个人的生命究竟有多大意义,这有什么标准可以衡量吗?提出一个绝对的标准当然很困难;但是,大体上看一个人对待生命的态度是否严肃认真,看他对待劳动、工作等等的态度如何,也就不难对这个人的存在意义做出适当的估计了。

古来一切有成就的人,都很严肃地对待自己的生命,当他活着一天,总要尽量多劳动、多工作、多学习,不肯虚度年华,不让时间白白地浪费掉。我国历代的劳动人民以及大政治家、大思想家等等都莫不如此。

班固写的《汉书·食货志》上有下面的记载:"冬,民既入;妇人同巷,相从夜绩,女工一月得四十五日。"

这几句读起来很奇怪,怎么一月能有四十五天呢?再看原文底下颜师古做了注解,他说:"一月之中,又得夜半为十五日,共四十五日。"

这就很清楚了。原来我国的古人不但比西方各国的人更早地懂得科学地、合理地计算劳动日;而且我们的古人老早就知道对于日班和夜班的计算方法。

一个月本来只有三十天,古人把每个夜晚的时间算做半日,就多了十五天。从这个意义上说来,夜晚的时间实际上不就等于生命的三分之一吗?

对于这三分之一的生命,不但历代的劳动人民如此重视,而且有许多大政治家也十分重视。班固在《汉书·刑法志》里还写道:

"秦始皇躬操文墨,昼断狱,夜理书。"

有的人一听说秦始皇就不喜欢他,其实秦始皇毕竟是中国历史上的一个伟大人物,班固对他也还有一些公平的评价。这里写的是秦始皇在夜间看书学习的情形。

据刘向的《说苑》所载,春秋战国时有许多国君都很注意学习。如:

"晋平公问于师旷曰:吾年七十,欲学恐已暮矣。师旷曰:何不秉烛乎?"

在这里,师旷劝七十岁的晋平公点灯夜读,拼命抢时间,争取这三分之一的生命不至于继续浪费,这种精神多么可贵啊!

《北史·吕思礼传》记述这个北周大政治家生平勤学的情形是:

“虽务兼军国,而手不释卷。昼理政事,夜即读书,令苍头执烛,烛烬夜有数升。”

光是烛灰一夜就有几升之多,可见他夜读何等勤奋了。像这样的例子还有很多。

为什么古人对于夜晚的时间都这样重视,不肯轻轻放过呢?我认为这就是他们对待自己生命的三分之一的严肃认真态度,这正是我们所应该学习的。

我之所以想利用夜晚的时间,向读者同志们做这样的谈话,目的也不过是要引起大家注意珍惜这三分之一的生命,使大家在整天的劳动、工作以后,以轻松的心情,领略一些古今有用的知识而已。

指点迷津

邓拓(1912—1966),原名邓子健,笔名叫马南邨、邓云特,福建闽侯人,无产阶级革命战士,当代杰出的新闻工作者、政论家、历史学家、诗人和杂文家,还是一位书画收藏家。著有《燕山夜话》等,深受读者欢迎。

他的一生是短暂的,在生命的盛年就离开了我们。但是,他让自己生命的分分秒秒都发出了光和热,留给人们多方面的精神财富。他一生争分夺秒,珍惜“生命的三分之一”“生欲济人应碌碌,心为革命自明明”。他用自己一生的行动,实现了理想和信念。和成千成万为中国人民的解放事业献出了生命的先烈一样,他也将永远活在人民的心中。

本文选自《燕山夜话》。如今半个世纪过去了,我们在阅读本文时仍感受益良多:明晰精巧的结构、洗练浅显的语言、极具知识性的内容、简单而又深刻的主旨……

勤学篇

唐代文学家韩愈曾说:“业精于勤,荒于嬉。”勤奋,是叩开成功人生的敲门砖。

中华民族勤奋好学的美德源远流长。勤出成果。勤出智慧,勤是立身之本。唯有勤奋,默默耕耘,用心付出,才能迎接挑战,实现理想。

师旷论学

刘　向

晋平公问于师旷曰:"吾年七十,欲学,恐已暮矣。"

师旷曰:"暮,何不秉烛乎?"

平公曰:"安有为人臣而戏其君乎?"

师旷曰:"盲臣安敢戏其君乎!臣闻之,少而好学,如日出之阳;壮而好学,如日中之光;老而好学,如秉烛之明。秉烛之明,孰与昧行乎?"

指点迷津

刘向(约前77—前6),字子政,原名更生,世称刘中垒,西汉彭城(今江苏徐州)人。曾奉命领校秘书,所撰《别录》,是我国最早的图书分类目录。今存《新序》《说苑》《列女传》《战国策》等书,其著作《五经通义》有清人马国翰辑本。《楚辞》是刘向编订成书,而《山海经》是其与其子刘歆共同编订成书。

文中的晋平公年届七旬想要学习,但是怕自己这时学习为时已晚,而师旷却劝他秉烛而学。接着师旷又打了三个比喻,年少时喜欢学习,好像是太阳刚刚出来时的阳光;壮年时喜欢学习,好像是正午的阳光,老年时喜欢学习,好像是点燃蜡烛照明时的光亮。师旷很巧妙地点明老年时读书虽然赶不上少年和壮年时,但与摸黑走路相比较,仍旧好得多,从而成功地说服了晋平公,达到了劝学的目的。

常言道,活到老学到老。学习的脚步将伴随我们一生,而古人也很早的就意识到了这一点,任何时候都要抓紧学习。晋平公与师旷的一番对话,能让我们受用至今。

董遇"三余"读书

鱼　豢

(董)遇字季直,性质讷而好学。兴平中,关中扰乱,与兄季中依将军段煨。采稆负贩,而常挟持经书,投闲习读,其兄笑之而遇不改。……

遇善治《老子》,为《老子》作训注。又善《左氏传》,更为作《朱墨别异》,人有从学者,遇不肯教,而云:"必当先;读百遍!"言:"读书百遍,其义自见。"

从学者云:"苦渴无日。"

遇言:"当以'三余'。"

或问"三余"之意。遇言"冬者岁之余,夜者日之余,阴雨者时之余也。"

指点迷津

本篇出自鱼豢的《魏略·儒宗传·董遇》

董遇,字季直,弘农人。建安初举孝廉,历任黄门侍郎等职。黄初中出为郡守,明帝时任侍中大司农。著有《周易注》十卷,《春秋左氏传章句》三十卷,《老子训注》二卷。

本篇给我们的启示有两点:一、读书百遍,其义自现。二、充分利用一切空余时间读书。

时间总是在我们不知不觉中悄然离去,在这悠长的岁月中,唯有抓紧一切空闲时间读书,才能让我们获得更多的知识。任何时刻拾起书本,打开扉页,都可以在夏日里读出雪意,于山间闻到泉鸣。如何让我们能透彻地理解书中的真谛,那是需要有悟性地去读书,认真思索地读百遍书,才会奇迹般地自见其意。

终身做科学实验的爱迪生

胡 适

今天我很高兴能参加爱迪生一百十三年的纪念会。

科学的根本是实验。爱迪生真是终身做实验的工作。他十一岁时就在他家里的地窨子里做化学试验；十二岁时他在火车上卖报纸卖糖果，他就在火车的行李车上做他的化学实验。十五岁时，他开始学电报，就开始做电学实验，要改进电报的器材与技术，从此他就终身没有离开电学试验了，就给电学开辟了新天地，给世界开辟了新文明，给人类开辟了一个簇新的世界。

从十一岁开始做科学实验，直到他八十四岁去世，他整整做了七十三年的实验工作。所以我们称他做终身做实验的科学圣人。

他每天只睡四个钟头的觉，至多只睡六个钟头。他每天做十几个钟头的工作，他的一天抵别人的两天。他做了七十年的实验，就等于别人做了一百四十年的实验工作。

中国的懒人，有两首打油诗，一首是懒人恭维自己的：

无事只静坐，一日当两日。

人活六十年，我活百二十。

还有一首是嘲笑懒人的：

无事昏昏睡，睡起日过午。

人活七十年，我活三十五。

睡四点钟觉，做二十点钟科学实验，活了八十四岁，抵得别人一百七十岁——这是科学圣人的生活。

在新泽西州的爱迪生实验室里——现在是“国家的爱迪生纪念馆”的一新份子，——保存着二千五百册他的实验纪录，每册有二百五十页，或三百页。最早的一册是他三十一岁(1878 年)的纪录。

单是"白热电灯"的种种实验,就记满了二百册!他用了几千种不同的材料来试验——各种矿物、金属,从硼砂到白金,后来又试验炭化绵丝,居然能延烧四十多个钟头,——后来又试验了几百种可以烧作炭精丝的植物,——最后才决定用日本京都府下的八幡地方所产的竹子做成最适用的炭精丝电灯泡。

科学实验是发现自然秘密、证实学理、解决工业技术问题的唯一方法。

在他 80 岁时,有人请问他的生活哲学是什么,他说,他的生活哲学只有一个字:"工作","把自然界的秘密揭开来,用它们来增加人类的幸福,这样的工作是我的生活哲学。"

他的实验并不都是创造的、空前的。但他那处处用严格的实验方法来解决工业问题的精神,他那终身作实验的精神,他那每次解答一个问题总想做到最好最完美(Perfect)的地步的精神,他那用组织能力来创大规模的工业实验室与研究所的模范,可以说是创造的,空前的。(现今美国有四千个工业研究实验所,都可以说是仿效爱迪生的实验室的。)

他的绝大多数的实验与发明(他一生得到专利权的发明有一千一百件),都是用前人的失败与成功做出发点的。他说:

每回我要发明什么东西,我总要先翻读以前的人在那个问题上做过了的工作(图书馆里那些书正是为了这个用处的)。我要看看以前花了大工夫,花了大经费,做出了一些什么成绩。我要用从前人做过的几千次试验的资料做我的出发点,然后我来再做几千次试验。

这是他做实验的下手方法。

他在一九二一年一月曾说:

我每次想做一件尽善尽美的工作,往往碰到一座一百尺高的花岗石的高墙。碰来碰去,总过不了这百尺高墙,我就转到别的一件工作去用功。有时候,——也许几个月之后,也许几年之后,忽然有一天,有一件什么东西被我发明了,或是别人发明了,——或者在这世界的某一个角落,有一件新事物出现了,——我往往能够认识那件新发明可以帮助我爬过那座高墙,或者爬上去几十尺。

我从来不许我在任何情形之下感到失望。我记得,我们为了一个问题做了几千次实验,还没有能够解决那个问题。我们的一个同事,在我们最得意的一次试验失败之后,就灰心了,就说,我们不会找出什么来了。我还是高高兴兴的对他说:"我们不是已经找出了不少东西了吗?"我们已经确实知道这条路是走不通的了,以后我们必须另走别的路子了。只要我们确已尽了我们最大的思考与工作的努力,我们往往可以从我们的失败里学到不少的东西。

这是爱迪生作科学实验,经过几千次失败而永不灰心失望的精神。

他在十二三岁时,耳朵就聋了。他一生是个聋子,但他从不因此减少他工作的努力。他在七十八岁时(1925),曾有一篇文字说他的耳聋于他只有好处,于世界也只有好处。他说:

因为我成了个聋子,我就把 Sesroit 的公立图书馆做我的避难所。我从每一个书架的最后一层读起,一本一本的读,一真读到最上一层。我不是单挑几本书读,我把整个图书馆(的藏书)都读了。后来我买了一部 Swoin 出版的最廉价的百科全书,我也从头到尾全读了。……

指点迷津

胡适(1891—1962),著名思想家、文学家、哲学家。以倡导白话文、领导新文化运动闻名于世。胡适一生的学术活动主要在文学、哲学、史学、考据学、教育学、红学几个方面,主要著作有《中国哲学史大纲》(上)《尝试集》《白话文学史》(上)和《胡适文存》(四集)等。

胡适是20个世纪中国最有影响的思想家和学者之一。他毕生着力提倡民主、自由思想和理性主义。正是这样的思想,帮助许多青年树立自主自由的人格,形成独立思考、尊重事实的思维方式,成为具有民主和科学素养的人。可以说,五四运动后中国民主力量的成长,胡适功不可没。

本文构思巧妙,作者高度赞扬了爱迪生勤奋踏实工作态度和献身科学、认真务实的精神,对他乐观豁达、幽默风趣的人生态度的十分欣赏。爱迪生无论做什么事都追求完美、永不灰心失望、认真务实、热爱生命、献身科学是其成功成才的原因。

成功的秘诀

〔奥地利〕茨威格

25 岁的时候,在巴黎一面研究,一面写作。那时发表的文学作品,已有不少人赞美;其中有些连我自己也很喜欢。但在我的内心深处,总觉得还可以更加完美一些,虽则自己不能决定短处究竟在什么地方。

在这个时期,一位艺术大师给了我一个极大的教训。这教训初看似乎是无足轻重的小小际遇而已,事实上却是我一生写作生活的转折点。

有一晚我在维尔哈伦先生家里,他是比利时的名作家。同座有一位年长的画家,慨叹雕塑艺术的退步。我那时年少气盛,竭力反对他的意见。我说:"以巴黎而论,难道我们就没有一位雕刻家足以与米凯朗基罗媲美吗?难道罗丹先生雕刻的《沉思者》《巴尔扎克》,不是跟用以雕塑他们的大理石一样同传不朽吗?"

我的驳辩说完之后,维尔哈伦欣然地拍拍我的肩头:"我明天就要去拜访罗丹先生。"他说,"跟我同去。凡像你这样的钦佩他的人,就有权利跟他会会面。"

我满心高兴。但第二天维尔伦把我介绍给那位雕刻大师之后,我一个字也说不出来。他们两位老朋友谈天说地,我觉得自己好像是一个不必要的旁听者。

然而那位大艺术家是十分和善的。我们告别的时候,他转过脸来对我说:"我想你或许要看看我的雕刻作品。可惜都不在这里。但请你星期日到我梅登的乡下住宅来,并且我们可以一同用便饭。"

在罗丹朴素的乡下住宅里,我们坐在一只小桌子周围吃了一餐家常便饭。他慈祥而柔和的顾盼,坦率的神情,立刻使我忘记了局促。

他的雕刻室也很简单,装着高大的窗子。里面有已经完成的雕像,更有许多石膏塑的作为试验的模型——一只膀子,一只手,有的甚至只是一个指头或一个小小关节;桌子堆满种种素描的图形。这地方显示出它的主人一生在不断研究,不断工作。

罗丹套上一件白布外衣,立刻变成一个工人的样子。他在一个雕刻架前立定了。

“这是我最近的作品。”说着他揭去盖在上面的湿布,就露出一个女性的半身像来,神采焕然,那是用泥土塑的。“我觉得这已是完工的了。”

这身体魁梧、肩膀宽阔、一脸灰白胡子的老人后退了一步,侧着头细加端详:“是的,我想没有什么毛病了。”

但审视了一回之后,忽又喃喃自语道:“只有那肩膀上面,线条仍嫌太硬。对不起……”

他就捡起一柄塑像用的木质小刀来。小刀在柔软的泥土上轻轻拂过,使像身的肌肉产生一种更细腻的光泽。老人的手指活泼起来,眼睛里放着光芒。

“还有这里……这里……”他又修改了几处地方,再退一步,细细观察。又把架子转过背来,喉咙里喃喃地发出奇怪的声音。有时他欣然微笑,有时他眉头紧皱,有时捏了一点泥,加到像身上去,又轻轻抓掉一些。

如此继续了半小时,一小时……他从没有对我说一句话。除了创造他理想中的具像之外,什么都忘记了。似乎天地间只有这工作的存在,好像上帝着手创造世界的第一天那样。

后来,他大功告成似的松了一口气,丢下小刀,把刚才的那块湿布给塑像盖上,那种小心翼翼的神情,宛如一个男人给他情侣披上披肩。然后转身向外,那魁梧的老人恢复了初见时的样子。

他还没走到门口,忽然发现了我,他一惊。直到这时候他才想起了我,刚才的失礼显然使他非常过意不去。“对不起,先生。我简直把你忘记了。但是……”我十分感激地紧紧握住他的手。或许他也感觉到我的情绪,所以微微笑着,举起膀子围住了我的肩头,两人一同走出那房间。

这一天所得的教训,比我在学校里多年的用功还有益处。从此以后,知道一切人类的工作如要完善而有价值,应当是怎样做法的。

一个人可以这样完全忘记时间空间与整个世界,这个认识,使我受到空前绝后的感动。这一小时,使我把握住了一切艺术、一切事业成功的奥秘——聚精会神;集中所有的力量以完成不论大小的一件工作;把我们容易分散、容易旁骛的意志贯注在小小的一点上。

我悟到遗忘一切其他事物,集中意志以求工作完美的这种热忱,就是我过去所缺乏的。除了工作,好像自己都不存在,这是成功的秘诀。我现在知道,舍此以外便无神妙的方法了。

指点迷津

斯蒂芬·茨威格(1881—1942),是奥地利的著名作家和评论家,善于运用各种体裁,他的作品中以传记和小说最为著称。

茨威格出生在奥匈帝国首都维也纳一个犹太富商家里,自幼受到良好的教育和资产阶级上流社会的文艺熏陶,16岁便在维也纳《社会》杂志上发表诗作。

他作品的基调是现实主义的,最擅长的手法是细腻的心理描写。他努力探索人物的精神世界,描写道德败坏给人带来的情感上的痛苦,揭示个人心灵中种种抽象的美德,甚至让已经堕落的人身上闪耀出道义的火花,代表作有《恐惧》《月光小巷》《看不见的珍藏》《一个陌生女人的来信》《一个女人一生中的二十四小时》。

《成功的秘诀》是他的传世名篇之一,曾被译成20多种文字。在这篇文章中,作者通过描述罗丹工作情景所揭示的成功的奥秘,对于我们从事学习和工作,都具有十分重要意义。作者把写人叙事和抒写自己的感受紧密联系起来,达到既表现人物的性格和品质,又充分揭示文章中心意思的目的。

谈读书

〔英国〕培根

读书足以怡情，足以傅彩，足以长才。其怡情也，最见于独处幽居之时；其傅彩也，最见于高谈阔论之中；其长才也，最见于处世判事之际。练达之士虽能分别处理细事或一一判别枝节，然纵观统筹、全局策划，则非好学深思者莫属。读书费时过多易惰，文采藻饰太盛则矫，全凭条文断事乃学究故态。读书补天然之不足，经验又补读书之不足，盖天生才干犹如自然花草，读书然后知如何修剪移接；而书中所示，如不以经验范之，则又大而无当。狡黠者鄙读书，无知者羡读书，唯明智之士用读书，然书并不以用处告人，用书之智不在书中，而在书外，全凭观察得之。

读书时不可存心诘难作者，不可尽信书上所言，亦不可寻章摘句，而应推敲细思。书有可浅尝者，有可吞食者，少数则需咀嚼消化。换言之，有只须读其部分者，有只须大体涉猎者，少数则须全读，读时须全神贯注，孜孜不倦。书亦可请人代读，取其所作摘要，但只限题材较次或价值不高者，否则书经提炼犹如水经蒸馏，味同嚼蜡矣。读书使人充实，讨论使人机智，作文使人准确。因此不常作文者须记忆特强，不常讨论者须天生聪颖，不常读书者须欺世有术，始能无知而显有知。

读史使人明智，读诗使人灵秀，数学使人周密，科学使人深刻，伦理学使人庄重，逻辑修辞之学使人善辩：凡有所学，皆成性格。人之才智但有滞碍，无不可读适当之书使之顺畅，一如身体百病，皆可借相宜之运动除之。滚球利睾肾，射箭利胸肺，漫步利肠胃，骑术利头脑，诸如此类。如智力不集中，可令读数学，盖演算须全神贯注，稍有分散即须重演；如不能辨异，可令读经院哲学，盖此辈皆吹毛求疵之人；如不善求同，不善以一物阐证另一物，可令读律师之案卷。如此头脑中凡有缺陷，皆有特药可医。

指点迷津

弗朗西斯·培根(1561—1626)，是英国哲学家，作家和科学家。主要建树集中在哲学方面。他“以天下全部学问为己任”,“将全部科学、技术和人类的一切知识全面重建”,认为“知识就是力量”。

他推崇科学、发展科学的思想和崇尚知识的口号,一直推动着社会的进步。这位一生追求真理的思想家,被马克思称为“英国唯物主义和整个现代实验科学的真正始祖”。他在逻辑学、美学、教育学方面也提出许多思想,著有《新工具》《论说随笔文集》等。

本文从读书足以怡情,足以傅彩,足以长才立意,谈读书补天然之不足,经验又补读书之不足,书中所示,如不以经验范之,则又大而无当。书并不以用处告人,用书之智不在书中,而在书外,全凭观察得之。

他倡导“读史使人明智,读诗使人灵秀,数学使人周密,科学使人深刻,伦理学使人庄重,逻辑修辞之学使人善辨”。作者见解独到,文笔紧凑,思想犀利利练,说理透彻。

特别指出:读书时不可存心诘难作者,不可尽信书上所言,亦不可寻章摘句,而应推敲细思。读书要全神贯注,孜孜不倦。读书使人充实,讨论使人机智,作文使人准确。这些深刻而独到的见解,在今天看来不但不会过时,反而更促使我们深思。

我的早年生活

〔英国〕丘吉尔

“每个人都是昆虫，但我确信，我是一个萤火虫。”

刚满 12 岁，我就步入了“考试”这块冷漠的领地。主考官们最心爱的科目，几乎毫无例外地都是我最不喜欢的。我喜爱历史、诗歌和写作，而主考官们却偏爱拉丁文和数学，而且他们的意愿总是占上风。不仅如此，我乐意别人问我所知道的东西，可他们却总是问我不知道的。我本来愿意显露一下自己的学识，而他们则千方百计地揭露我的无知。这样一来，只能出现一种结果：场场考试，场场失败。

我进入哈罗公学的入学考试是极其严格的。校长威尔登博士对我的拉丁文作文宽宏大量，证明他独具慧眼，能判断我全面的能力。这非常难得，因为拉丁文试卷上的问题我一个也答不上来。我在试卷上首先写上自己的名字，再写上试题的编号“1”，经过再三考虑，又在“1”的外面加上一个括号，因而成了〔1〕。但这以后，我就什么也不会了。我干瞪眼没办法，在这种惨境中整整熬了两个小时，最后仁慈的监考老师总算收去了我的考卷。正是从这些表明我的学识水平的蛛丝马迹中，威尔登博士断定我有资格进哈罗公学上学。这说明，他能通过现象看到事物的本质。他是一个不以卷面分数取人的人，直到现在我还非常尊敬他。

结果，我当即被编到低年级最差的一个班里。实际上，我的名字居全校倒数第三。而最令人遗憾的是，最后两位同学没上几天学，就由于疾病或其他原因而相继退学了。

在这种尴尬的处境中，我继续待了近一年。正是由于长期在差班里待着，我获得了比那些聪明的学生更多的优势。他们全都继续学习拉丁语、希腊语以及诸如此类的辉煌的学科，我则被看作是个只会学英语的笨学生。我只管把一般英语句子的基本结构牢记在心——这是光荣的事情。几年以后，当我的那些因创作优美的拉丁文诗歌和辛辣的希腊讽刺诗而获奖成名的同学,不得不靠普通的英语来谋生或者开拓事业的时候,我一点也不觉得自己比他们差。自然我倾向让孩子们学习英语。我会首先让他们都学英语,然后再让聪明些的孩子们学习拉丁语作为一种荣耀,学习希腊语作为一种享受。但只有一件事我会强迫他们去做,那就是不能不懂英语。

我一方面在最低年级停滞不前,而另一方面却能一字不漏地背诵麦考利的一千二百行史诗,并获得了全校的优胜奖。这着实让人觉得自相矛盾。我在几乎是全校最后一名的同时,却又成功地通过了军队的征兵考试。就我在学校的名次来看,这次考试的结果出人意料,因为许多名次在我前面的人都失败了。我也是碰巧遇到了好运——在考试中,将要凭记忆绘一张某个国家的地图。在考试的前一天晚上,我将地球仪上所有国家的名字都写在纸条上放进帽子里,然后从中抽出了写有“新西兰”国名的纸条。接着我就大用其功,将这个国家的地理状况记得滚瓜烂熟。不料,第二天考试中的第一道题就是:“绘出新西兰地图。”

我开始了军旅生涯。这个选择完全是由于我收集玩具锡兵的结果。我有近1500个锡兵,组织得像一个步兵师,还下辖一个骑兵旅。我弟弟杰克统领的则是“敌军”。但是我们制定了条约,不许他发展炮兵。这非常重要!

一天,父亲亲自对“部队”进行了正式的视察。所有的“部队”都整装待发。父亲敏锐的目光具有强大的威慑力。他花了20分钟的时间来研究“部队”的阵容。最后他问我想不想当个军人。我想统领一支部队一定很光彩,所以我马上回答:“想。”现在,我的话被当真了。多年来,我一直以为父亲发现了我具有天才军事家的素质。但是,后来我才知道,他当时只是断定我不具备当律师的聪慧。他自己也只是最近才升到下议院议长和财政大臣的职位,而且一直处在政治的前沿。不管怎样,小锡兵改变了我的生活志向,从那时起,我的希望就是考入桑赫斯特皇家军事学院。再后来,就是学军事专业的各项技能。至于别的事情,那只有靠自己去探索、实践和学习了。

指点迷津

温斯顿·丘吉尔(1874—1965),是著名的政治家、军事家、演说家、历史学家、传记作家以及记者,曾两度任英国首相,被认为是20世纪最重要的政治领袖之一,带领英国获得第二次世界大战的胜利,为战胜法西斯做了杰出贡献。著有《第二次世界大战回忆录》(六卷)、《英国民族史》(四卷)等。

阅读本文,立刻就会被他的文字魅力所吸引——语言隽永,寓意深刻。作者通过对自己青少年时期学习和生活的追忆,为我们叙述了青少年时代的丘吉尔并不是我们传统意义上的优等生。相反,他的学习成绩很差,可是他却成为一代伟人。是因为他能根据自己的实际情况,准确判断自己的兴趣爱好,用他自己的话就是:“我确信,我是一个萤火虫。”

感恩生命，珍惜拥有的快乐；感恩亲情，沐浴关爱的幸福；感恩师友，表达真挚的谢意；感恩社会，传递爱心的火把；感恩自然，保护和谐的天地；感恩世界，创造美好的未来。

心怀感恩，幸福才能常在。让感恩的心永驻在我们每一个人心中……

我的母亲

老 舍

母亲的娘家是在北平德胜门外,土城儿外边,通大钟寺的大路上的一个小村里。村里一共有四五家人家,都姓马。大家都种点不十分肥美的土地,但是与我同辈的兄弟们,也有当兵的,作木匠的,作泥水匠的,和当巡察的。他们虽然是农家,却养不起牛马,人手不够的时候,妇女便也须下地作活。

对于姥姥家,我只知道上述的一点。外公外婆是什么样子,我就不知道了,因为他们早已去世。至于更远的族系与家史,就更不晓得了;穷人只能顾眼前的衣食,没有功夫谈论什么过去的光荣;"家谱"这字眼,我在幼年就根本没有听说过。

母亲生在农家,所以勤俭诚实,身体也好。这一点事实却极重要,因为假若我没有这样的一位母亲,我之为我恐怕也就要大大的打个折扣了。

母亲出嫁大概是很早,因为我的大姐现在已是六十多岁的老太婆,而我的大甥女还长我一岁啊。我有三个哥哥,四个姐姐,但能长大成人的,只有大姐,二姐,三哥与我。我是"老"儿子。生我的时候,母亲已四十一岁,大姐二姐已都出了阁。

由大姐与二姐所嫁入的家庭来推断,在我生下之前,我的家里,大概还马马虎虎的过得去。那时候定婚讲究门当户对,而大姐丈是作小官的,二姐丈也开过一间酒馆,他们都是相当体面的人。

可是,我,我给家庭带来了不幸:我生下来,母亲晕过去半夜,才睁眼看见她的老儿子——感谢大姐,把我揣在怀里,致未冻死。

一岁半,我把父亲"克"死了。兄不到十岁,三姐十二三岁,我才一岁半,全仗母亲独力抚养了。父亲的寡姐跟我们一块儿住,她吸鸦片,她喜摸纸牌,她的脾气极坏。为我们的衣食,母亲要给人家洗衣服,缝补或裁缝衣裳。在我的记忆中,她的手终年是鲜红微肿的。白天,她洗衣服,洗一两大绿瓦盆。她作事永远丝毫也不敷衍,就是屠户们送来的黑如铁的布袜,她也给洗得雪白。晚间,她与三姐抱着一盏油灯，还要缝补衣服，一直到半夜。她终年没有休息，可是在忙碌中她还把院子屋中收拾得清清爽爽。桌椅都是旧的，柜门的铜活久已残缺不全，可是她的手老使破桌面上没有尘土，残破的铜活发着光。院中，父亲遗留下的几盆石榴与夹竹桃，永远会得到应有的浇灌与爱护，年年夏天开许多花。

哥哥似乎没有同我玩耍过。有时候，他去读书；有时候，他去学徒；有时候，他也去卖花生或樱桃之类的小东西。母亲含着泪把他送走，不到两天，又含着泪接他回来。我不明白这都是什么事，而只觉得与他很生疏。与母亲相依如命的是我与三姐。因此，她们作事，我老在后面跟着。她们浇花，我也张罗着取水；她们扫地，我就撮土……从这里，我学得了爱花，爱清洁，守秩序。这些习惯至今还被我保存着。

有客人来，无论手中怎么窘，母亲也要设法弄一点东西去款待。舅父与表哥们往往是自己掏钱买酒肉食，这使她脸上羞得飞红，可是，殷勤的给他们温酒作面，又给她一些喜悦。遇上亲友家中有喜丧事，母亲必把大褂洗得干干净净，亲自去贺吊——份礼也许只是两吊小钱。到如今为我的好客的习性，还未全改，尽管生活是这么清苦，因为自幼儿看惯了的事情是不易改掉的。

姑母时常闹脾气。她单在鸡蛋里找骨头。她是我家中的阎王。直到我入中学，她才死去，我可是没有看见母亲反抗过。“没受过婆婆的气，还不受大姑子的吗？命当如此！”母亲在非解释一下不足以平服别人的时候，才这样说。是的，命当如此。母亲活到老，穷到老，辛苦到老，全是命当如此。她最会吃亏。给亲友邻居帮忙，她总跑在前面：她会给婴儿洗三——穷朋友们可以因此少花一笔“请姥姥”钱——她会刮痧，她会给孩子们剃头，她会给少妇们绞脸……凡是她能做的，都有求必应。但是，吵嘴打架，永远没有她。她宁吃亏，不逗气。当姑母死去的时候，母亲似乎把一世的委屈都哭了出来，一直哭到坟地。不知道哪里来的一位侄子，声称有承继权，母亲便一声不响，教他搬走那些破桌烂板凳，而且把姑母养的一只肥肉鸡也送给他。

可是，母亲并不软弱。父亲死在庚子闹“拳”的那一年。联军入城，挨家搜索财物鸡鸭，我们被搜两次。母亲拉着哥哥与三姐坐在墙根，等着“鬼子”进门，街门是开着的。“鬼子”进门，一刺刀先把老黄狗刺死，而后入室搜索，他们走后，母亲把破衣箱搬起，才发现了我。假若箱子不空，我早就被压死了。皇上跑了，丈夫死了，鬼子来了，满城是血光火焰，可是母亲不怕，她要在刺刀下，饥荒中，保护着儿女。北平有多少变乱啊，有时候兵变了，街市整条的烧起，火团落在我们院中；有时候内战了，城门紧闭，铺店关门，昼夜响着枪炮。这惊恐，这紧张，再加上一家饮食的筹划，儿女安全的顾虑，岂是一个软弱的老寡妇所能受得起的？可是，在这种时候，母亲的心横起来，她不慌不哭，要从无办法中想出办法来。她的泪会往心中落！这点软而硬的性格，也传给了我。我对一切人与事，都取和平的态度，把吃亏当作当然的。但是，在作人上，我有一定的宗旨与基本的法则，什么事都可将就，而不能超过自己画好的界限。我怕见生人，怕办杂事，怕出头露面；但是到了非我去不可的时候，我便不敢不去，正像我的母亲。从私塾到小学，到中学，我经历过起码有二十位教师吧，其中有给我很大影响的，也有毫无影响的，但是我的真正的教师，把性格传给我的，是我的母亲。母亲并不识字，她给我的是生命的教育。

当我在小学毕了业的时候，亲友一致的愿意我去学手艺，好帮助母亲。我晓得我应当去找饭吃，以减轻母亲的勤劳困苦。可是，我也愿意升学。我偷偷的考入了师范学校——制服，饭食，书籍，宿处，都由学校供给。只有这样，我才敢对母亲说升学的话。入学，要交十元的保证金，这是一笔巨款！母亲作了半个月的难，把这巨款筹到，而后含泪把我送出门去。她不辞劳苦，只要儿子有出息。当我由师范毕业，而被派为小学校校长，母亲与我都一夜不曾合眼。我只说了句："以后，您可以歇一歇了！"她的回答只有一串串的眼泪。我入学之后，三姐结了婚。母亲对儿女都是一样疼爱的，但是假若她也有点偏爱的话，她应当偏爱三姐，因为自父亲死后，家中一切的事情都是母亲和三姐共同撑持的。三姐是母亲的右手，但是母亲知道这右手必须割去，她不能为自己的便利而耽误了女儿的青春。当花轿来到我们的破门外的时候，母亲的手就和冰一样的凉，脸上没有血色——那是阴历四月，天气很暖，大家都怕她晕过去。可是，她挣扎着，咬着嘴唇，手扶着门框，看花轿徐徐的走去。不久，姑母死了。三姐已出嫁，哥哥不在家，我又住学校，家中只剩母亲自己。她还须自早至晚的操作，可是终日没人和她说一句话。新年到了，正赶上政府倡用阳历，不许过旧年。除夕，我请了两小时的假，由拥挤不堪的街市回到清炉冷灶的家中。母亲笑了。及至听说我还须回校，她愣住了。半天，她才叹出一口气来。到我该走的时候，她递给我一些花生，"去吧，小子！"街上是那么热闹，我却什么也没看见，泪遮迷了我的眼。今天，泪又遮住了我的眼，又想起当日孤独的过那凄惨的除夕的慈母。可是，慈母不会再候盼着我了，她已入了土！

儿女的生命是不依顺着父母所投下的轨道一直前进的，所以老人总免不了伤心。我廿三岁，母亲要我结婚，我不要。我请来三姐给我说情，老母含泪点了头。我爱母亲，但是我给了她最大的打击。时代使我成为逆子。廿七岁，我上了英国。

为了自己,我给六十多岁的老母以第二次打击。在她七十大寿的那一天,我还远在异域。那天,据姐姐们后来告诉我,老太太只喝了两口酒,很早的便睡下。她想念她的幼子,而不便说出来。

七七抗战后,我由济南逃出来。北平又像庚子那年似的被鬼子占据了,可是母亲日夜惦念的幼子却跑到西南来。母亲怎样想念我,我可以想象得到,可是我不能回去。每逢接到家信,我总不敢马上拆看,我怕,怕,怕,怕有那不详的消息。人,即使活到八九十岁,有母亲便可以多少还有点孩子气。失了慈母便像花插在瓶子里,虽然还有色有香,却失去了根。有母亲的人,心里是安定的。我怕,怕,怕家信中带来不好的消息,告诉我已是失去了根的花草。

去年一年,我在家信中找不到关于老母的起居情况。我疑虑,害怕。我想像得到,没有不幸,家中念我流亡孤苦,或不忍相告。母亲的生日是在九月,我在八月半写去祝寿的信,算计着会在寿日之前到达。信中嘱咐千万把寿日的详情写来,使我不再疑虑。十二月二十六日,由文化劳军大会上回来,我接到家信。我不敢拆读。就寝前,我拆开信,母亲已去世一年了!

生命是母亲给我的。我之能长大成人,是母亲的血汗灌养的。我之能成为一个不十分坏的人,是母亲感化的。我的性格,习惯,是母亲传给的。她一世未曾享过一天福,临死还吃的是粗粮!唉!还说什么呢?心痛!心痛!

指点迷津

本文是一篇感恩母亲的散文,文中那种与母亲聚少离多,“子欲养而亲不待”的遗憾之情让我们深深遗憾。同学们,人生很短暂,和父母相聚的日子也不会很多,你是否时刻珍惜和他们在一起的日子,是否会感恩他们对自己的教导和无私付出?那么从现在起,让我们心中有爱,学会感恩,感恩自己的父母,感恩亲人,感恩一切人。

背 影

朱自清

我与父亲不相见已二年余了,我最不能忘记的是他的背影。

那年冬天,祖母死了,父亲的差使也交卸了,正是祸不单行的日子。我从北京到徐州打算跟着父亲奔丧回家。到徐州见着父亲看见满院狼藉的东西,又想起祖母,不禁簌簌地流下眼泪。父亲说:"事已如此,不必难过,好在天无绝人之路!"

回家变卖典质,父亲还了亏空;又借钱办了丧事。这些日子,家中光景很是惨淡,一半为了丧事,一半为了父亲赋闲。丧事完毕,父亲要到南京谋事,我也要回北京念书,我们便同行。

到南京时,有朋友约去游逛,勾留了一日;第二日上午便须渡江到浦口,下午上车北去。父亲因为事忙,本已说定不送我,叫旅馆里一个熟识的茶房陪我同去。他再三嘱咐茶房,甚是仔细。但他终于不放心,怕茶房不妥帖;颇踌躇了一会。其实我那年已二十岁,北京已来往过两三次,是没有什么要紧的了。他踌躇了一会,终于决定还是自己送我去。我再三回劝他不必去;他只说:"不要紧,他们去不好!"

我们过了江,进了车站。我买票,他忙着照看行李。行李太多了,得向脚夫行些小费才可过去。他便又忙着和他们讲价钱。我那时真是聪明过分,总觉他说话不大漂亮,非自己插嘴不可,但他终于讲定了价钱;就送我上车。他给我拣定了靠车门的一张椅子;我将他给我做的紫毛大衣铺好座位。他嘱我路上小心,夜里要警醒些,不要受凉。又嘱托茶房好好照应我。我心里暗笑他的迂:他们只认得钱,托他们只是白托!而且我这样大年纪的人,难道还不能料理自己么?唉,我现在想想,那时真是太聪明了!

我说道:"爸爸,你走吧。"他往车外看了看说:"我买几个橘子去。你就在此地,不要走动。"我看那边月台的栅栏外有几个卖东西的等着顾客。走到那边月台,须穿过铁道,须跳下去又爬上去。父亲是一个胖子,走过去自然要费事些。我本来要去的,他不肯,只好让他去。我看见他戴着黑布小帽,穿着黑布大马褂,深青布棉袍,蹒跚地走到铁道边,慢慢探身下去,尚不大难。可是他穿过铁道,要爬上那边月台,就不容易了。他用两手攀着上面,两脚再向上缩;他肥胖的身子向左微倾,显出努力的样子。这时我看见他的背影,我的泪很快地流下来了。我赶紧拭干了泪。怕他看见,也怕别人看见。我再向外看时,他已抱了朱红的橘子往回走了。过铁道时,他先将橘子散放在地上,自己慢慢爬下,再抱起橘子走。到这边时,我赶紧去搀他。他和我走到车上,将橘子一股脑儿放在我的皮大衣上。于是扑扑衣上的泥土,心里很轻松似的。过一会儿说:“我走了,到那边来信!”我望着他走出去。他走了几步,回过头看见我,说:“进去吧,里边没人。”等他的背影混入来来往往的人里,再找不着了,我便进来坐下,我的眼泪又来了。

近几年来,父亲和我都是东奔西走,家中光景是一日不如一日。他少年出外谋生,独立支持,做了许多大事。哪知老境却如此颓唐!他触目伤怀,自然情不能自已。情郁于中,自然要发之于外;家庭琐屑便往往触他之怒。他待我渐渐不同往日。但最近两年不见,他终于忘却我的不好,只是惦记着我,惦记着我的儿子。我北来后,他写了一信给我,信中说道:“我身体平安,唯膀子疼痛厉害,举箸提笔,诸多不便,大约大去之期不远矣。”我读到此处,在晶莹的泪光中,又看见那肥胖的、青布棉袍黑布马褂的背影。唉!我不知何时再能与他相见!

指点迷津

本文《背影》无论写人、叙事、抒情都十分平实,但在平实中却孕育着极为精巧的构思。全文共写了三次背影。每一幅都是作者终生难忘的父子告别图。我们也是被文中父子那种真挚哀婉的相爱相怜之情所打动,激起我们内心感情的共鸣。生活中,我们每个人又何尝不是经历过许许多多令人潸然泪下的一幕呢?

母亲(节选)

〔苏联〕高尔基

走到大街上的时候,严寒干燥的空气结结实实地搂抱住她的身体,并浸入了咽喉,便鼻子发痒,甚至有一刻工夫叫她不能呼吸。母亲停下脚步站在那里。她四面看了看:离她不远的街角处,站着一个马车夫,他头戴皮帽,一派无精打采的表情。远远的,还有一个男子正弯着背缩着头走路。另外,还有一个士兵搓着耳朵在那人前面连蹦带跳地跑着。

“大概是派了兵到小铺子里来了!”母亲一边这样想,一边继续朝前走,心满意足地听着她脚的雪发出的清脆的声响。

她很早就到了火车站。她要乘坐的那班火车还没有准备好,但是肮脏的、被煤烟熏黑了的三等候车室里面已经挤了许多人——寒冷将铁路工人赶到这里,马车夫和穿得很单薄的无家可归的人们也来取暖。还有一些旅客,几个农民,一个穿着熊皮大衣的肥胖的商人,一个牧师带着女儿——一个麻脸姑娘,四五个兵士,几个忙忙碌碌的市民。

人们吸着烟,谈着天儿,喝着茶和伏特加。在车站小吃店前面有人高声笑着,一阵阵的烟在头上盘绕飞散。

候车室的门一开一关的时候总是吱吱地响着,当它被砰的一声关上的时候,玻璃发出震动的声音……

而烟叶和咸鱼的臭味强烈地冲进大家的鼻子。

母亲坐在门口的一个很显眼的地方等待着。每次开门的时候,就有一阵云雾般的冷空气吹到母亲的脸上。这使她觉得十分爽快,于是,她便深深地呼吸一口冷空气。

有几个人提了包裹进来——他们穿得很厚实,蠢乎乎地挡在门口,嘴里骂着,把包裹丢在地上或凳子上,抖落大衣领上的和衣袖上的干霜,又把胡子上的霜抹去,一边发出咳嗽的声音。

一个年轻人手里拿着一只黄色手提箱走进来,迅速地朝四周围看了一遍,然后径直朝母亲走来。

他站在母亲的面前。“到莫斯科去吗?”那人低声问。

“是的,到塔尼亚那里去。”

“对了!”

他把箱子放在母亲身边的凳子上,很快地掏出一支烟卷来点着了,稍微举了举帽子,默默地向另外一扇门走去。母亲伸手摸了摸这箱子冰冷冷的皮儿,将臂肘靠在上面,很满意地望着大家。过了一会儿,母亲站起身来,向靠近通往月台的门口的一条凳子走去。她手里,毫不吃力地提着那个箱子——箱子并不太大,——走过去,她抬起头,打量着在她面前闪现的一张张脸。

一个穿着短大衣的把大衣领竖起来的年轻人和她撞了一撞,他举起手来在头旁边挥了挥,便默默地跑开了。母亲忽然觉得这个人好像有点面熟,她回过头来一看,只见那人正用一只浅色的眼睛从衣领后面朝她望着。这种盯人的眼光好似针一样刺着母亲。于是,她提着箱子的那只手抖动了一下,手里的东西好像突然就沉重起来了。

“我在什么地方看见过他!”母亲回想起来,她想用这个念头慢慢地抑制脑中隐隐不快的感觉,而不想用别的言语来说出这种不快却很有力地使她的心冷得紧缩起来的感觉。但是,这种感觉增长起来,升到喉咙口,嘴里充满了干燥的苦味。这时,母亲忍不住想要回头再看一次。当然,她这样做了。只见那人站在原来的地方,小心地两腿交替地踏着,好像他想干一件事而又没有足够的决心去干。他的右手塞在大衣的纽扣中间,左手放在口袋里,因此,他的右肩要比左肩高一些。

母亲不慌不忙地走到凳子前,小心地、慢慢坐了下来,好像怕弄破自己里面的什么东西似的。一种强烈的灾祸的预感终于使她想起了这个人曾在她面前出现过两次,第一次,是在城外的旷地上,是在雷宾逃狱之后;第二次,是在法院里。那人和在雷宾逃走后向母亲问路时被她骗过的那个乡警站在一起。他们认得她,她被他们盯住了——这是显而易见的。

“完蛋了吗?”母亲问自己,但接着是颤抖地回答,“大约还没有吧……”可是她又立刻鼓起勇气严厉地说:“完蛋了!”

她向四周望了一遍,什么也看不见了,各种想法在她的脑子时像火花似的一个个爆燃起来,然后又一一熄灭。

"丢掉箱子逃吗?"但是另外一个火花格外明亮地闪了一下,"丢掉儿子的演说稿吗? 让它落到这种家伙的手里……"她把箱子拿到身边。"那么带了箱子逃走吧? ……赶快跑……"

这些想法都不是她原来的想法,好像是有人从外面硬塞给她的。这些想法好像烧疼了她,疼痛地刺激她的头脑,好像一条条燃烧着的线似地抽打着她的心。这些想法使母亲痛苦,并且侮辱了她,逼着她离开自己,离开巴威尔,离开已经和她心连在一起的那一切。母亲感到,有一种敌对的力量执拗地紧抓住了她,紧紧地压迫着她的肩膀和胸膛,玷污她,使她陷在死一般的恐怖里。她觉得,太阳穴里的血管在猛烈地跳动着,发根很热……

这时候,她心里鼓起一股好像震了全身的猛劲,吹灭了这一切狡猾而微弱的小火星,像命令一般对自己说:"可耻啊!"

她立刻觉得振作起来了,她把主意完全打定之后,又添了一句话:"不要给儿子丢脸! 没有人害怕!"

她的眼光接触到一束没有精神的、胆怯的视线。后来,她的脑子里闪过了雷宾的脸庞。几秒钟的动摇使她更加坚定了,心也跳得比较平稳了。

指点迷津

本文属于《母亲》节选部分。高尔基在《母亲》中首次运用了社会主义现实主义的创作方法,即从现实的革命发展中,真实具体地去描写现实。在作品中作者塑造了一个面对危险有过动摇,但最终走向坚定的英雄母亲的形象。作者主要通心理描写揭示了母亲丰富的内心世界,从而增强了作品的感染力。最初,她的母爱同一般劳动妇女的母爱没有什么区别。但经过一系列事件的教育,她的思想达到了新的境界,她坚信儿子真理在握,必然胜利。因此,当危险来临时,她才能表现得那样镇静和勇敢,用自己的行动诠释了母爱的伟大之处。

这篇文章在今天仍然具有时代意义:我们虽然生活在和平年代,但依然要有坚定的信仰和顽强的意志;虽然没有残酷的革命斗争,同样也会面对困难,不应胆怯,而要战胜怯懦,勇敢面对。

金 色 花

〔印度〕泰戈尔

假如我变成了一朵金色花，为了好玩，
长在树的高枝上，笑嘻嘻地在空中摇摆，
又在新叶上跳舞，妈妈，你会认识我么？
你要是叫道："孩子，你在哪里呀？"
我暗暗地在那里匿笑，却一声儿不响。
我要悄悄地开放花瓣儿，看着你工作。
当你沐浴后，湿发披在两肩，穿过金色花的林荫，
走到做祷告的小庭院时，你会嗅到这花香，
却不知道这香气是从我身上来的。
当你吃过午饭，坐在窗前读《罗摩衍那》，
那棵树的阴影落在你的头发与膝上时，
我便要将我小小的影子投在你的书页上，
正投在你所读的地方。
但是你会猜得出这就是你孩子的小小影子吗？
当你黄昏时拿了灯到牛棚里去，
我便要突然地再落到地上来，
又成了你的孩子，求你讲故事给我听。
"你到哪里去了，你这坏孩子？"
"我不告诉你，妈妈。"
这就是你同我那时所要说的话了。

指点迷津

泰戈尔把儿童想象成一朵金色花，最美丽的圣树上的花朵，赞美孩子可爱，象征孩子回报母爱的心愿。那金黄的色彩，正反映着母爱的光辉。用金色花表现了母子之爱的美好与圣洁。

《金色花》这首散文诗，是作者的心灵之美与艺术技巧的完美结合的产物，意境恬静优美，格调轻柔和谐，自然清新的语言，描绘出有声、有色、有香、有情致、有灵气的那样一种境界，达到情景交融、物我合一，给人以无限的审美享受。

我的母亲

胡　适

我小时候身体弱,不能跟着野蛮的孩子们一块儿玩。我母亲也不准我和他们乱跑乱跳。小时不曾养成活泼游戏习惯,无论在什么地方,我总是文绉绉地。所以家乡老辈都说我“像个先生样子”,遂叫我做“穈先生”。这个绰号叫出去之后,人都知道三先生的小儿子叫做穈先生了。即有“先生”之名,我不能不装出点“先生”样子,更不能跟着顽童们“野”了。有一天,我在我家八字门口和一班孩子“掷铜钱”,一位老辈走过,见了我,笑道:“穈先生也掷铜钱吗?”我听了羞愧的面红耳热,觉得太失了“先生”身份!

大人们鼓励我装先生样子,我也没有嬉戏的能力和习惯,又因为我确是喜欢看书,故我一生可算是不曾享过儿童游戏的生活。每年秋天,我的庶祖母同我到田里去“监割”(顶好的田,水旱无忧,收成最好,佃户每约田主来监割,打下谷子,两家平分),我总是坐在小树下看小说。十一二岁时,我稍活泼一点,居然和一群同学组织了一个戏剧班,做了一些木刀竹枪,借得了几副假胡须,就在村口田里做戏。我做的往往是诸葛亮,刘备一类的文角儿;只有一次我做史文恭,被花荣一箭从椅子上射倒下去,这算是我最活泼的玩艺儿了。

我在这九年(1895—1904)之中,只学得了读书写字两件事。在文字和思想的方面,不能不算是打了一点底子。但别的方面都没有发展的机会。有一次我们村“当朋”(八都凡五村,称为“五朋”,每年一村轮着做太子会,名为“当朋”)筹备太子会,有人提议要派我加入前村的昆腔队里学习吹笙或吹笛。族里长辈反对,说我年纪太小,不能跟着太子会走遍五朋。于是我便失掉了学习音乐的唯一机会。三十年来,我不曾拿过乐器,也全不懂音乐;究竟我有没有一点学音乐的天资,我至今不知道。至于学图画,更是不可能的事。我常常用竹纸蒙在小说书的石印绘像上,摹画书上的英雄美人。有一天,被先生看见了,挨了一顿大骂,抽屉里的图画都被搜出撕毁了。于是我又失掉了学做画家的机会。

但这九年的生活,除了读书看书之外,究竟给了我一点做人的训练。在这一点上,我的恩师便是我的慈母。

每天天刚亮时,我母亲便把我喊醒,叫我披衣坐起。我从不知道她醒来坐了多久了。她看我清醒了,便对我说昨天我做错了什么事,说错了什么话,要我认错,要我用功读书。有时候她对我说父亲的种种好处,她说:"你总要踏上你老子的脚步。我一生只晓得这一个完全的人,你要学他,不要跌他的股。"(跌股便是丢脸出丑。)她说到伤心处,往往掉下泪来。到天大明时,她才把我的衣服穿好,催我去上早学。学堂门上的锁匙放在先生家里;我先到学堂门口一望,便跑到先生家里去敲门。先生家里有人把锁匙从门缝里递出来,我拿了跑回去,开了门,坐下念生书,十天之中,总有八九天我是第一个去开学堂门的。等到先生来了,我背了生书,才回家吃早饭。

我母亲管束我最严,她是慈母兼任严父。但她从来不在别人面前骂我一句,打我一下,我做错了事,她只对我一望,我看见了她的严厉眼光,便吓住了。犯的事小,她等到第二天早晨我眠醒时才教训我。犯的事大,她等到晚上人静时,关了房门,先责备我,然后行罚,或罚跪,或拧我的肉。无论怎样重罚,总不许我哭出声音来,她教训儿子不是借此出气叫别人听的。

有一个初秋的傍晚,我吃了晚饭,在门口玩,身上只穿着一件单背心。这时候我母亲的妹子玉英姨母在我家住,她怕我冷了,拿了一件小衫出来叫我穿上。我不肯穿,她说:"穿上吧,凉了。"我随口回答:"娘(凉)什么!老子都不老子呀。"我刚说了这句话,一抬头,看见母亲从家里走出,我赶快把小衫穿上。但她已听见这句轻薄的话了。晚上人静后,她罚我跪下,重重的责罚了一顿。她说:"你没了老子,是多么得意的事!好用来说嘴!"她气得坐着发抖,也不许我上床去睡。我跪着哭,用手擦眼泪,不知擦进了什么微菌,后来足足害了一年多的翳病。医来医去,总医不好。我母亲心里又悔又急,听说眼翳可以用舌头舔去,有一夜她把我叫醒,她真用舌头舔我的病眼。这是我的严师,我的慈母。

我母亲二十三岁做了寡妇,又是当家的后母。这种生活的痛苦,我的笨笔写不出一万分之一二。家中财政本不宽裕,全靠二哥在上海经营调度。大哥从小便是败子,吸鸦片烟、赌博,钱到手就光,光了便回家打主意,见了香炉便拿出去卖,捞着锡茶壶便拿出押。我母亲几次邀了本家长辈来,给他定下每月用费的数目。但他总不够用,到处都欠下烟债赌债。每年除夕我家中总有一大群讨债的,每人一盏灯笼,坐在大厅上不肯去。大哥早已避出去了。大厅的两排椅子上满满的都是灯笼和债主。我母亲走进走出,料理年夜饭,谢灶神,压岁钱等事,只当做不曾看见这一群人。到了近半夜,快要"封门"了,我母亲才走后门出去,央一位邻居本家到我家来,每一家债户开发一点钱。做好做歹的,这一群讨债的才一个一个提着灯笼走出去。一会儿,大哥敲门回来了。我母亲从不骂他一句。并且因为是新年,她脸上从不露出一点怒色。这样的过年,我过了六七次。

大嫂是个最无能而又最不懂事的人,二嫂是个能干而气量很窄小的人。他们常常闹意见,只因为我母亲的和气榜样,他们还不曾有公然相骂相打的事。她们闹气时,只是不说话,不答话,把脸放下来,叫人难看;二嫂生气时,脸色变青,更是怕人。她们对我母亲闹气时,也是如此,我起初全不懂得这一套,后来也渐渐懂得看人的脸色了。我渐渐明白,世间最可厌恶的事莫如一张生气的脸;世间最下流的事莫如把生气的脸摆给旁人看,这比打骂还难受。

我母亲的气量大,性子好,又因为做了后母后婆,她更事事留心,事事格外容忍。大哥的女儿比我只小一岁,她的饮食衣服总是和我的一样。我和她有小争执,总是我吃亏,母亲总是责备我,要我事事让她。后来大嫂二嫂都生了儿子了,她们生气时便打骂孩子来出气,一面打,一面用尖刻有刺的话骂给别人听。我母亲只装做不听见。有时候,她实在忍不住了,便悄悄走出门去,或到左邻立大嫂家去坐一会,或走后门到后邻度嫂家去闲谈。她从不和两个嫂子吵一句嘴。

每个嫂子一生气,往往十天半个月不歇,天天走进走出,板着脸,咬着嘴,打骂小孩子出气。我母亲只忍耐着,到实在不可再忍的一天,她也有她的法子。这一天的天明时,她便不起床,轻轻的哭一场。她不骂一个人,只哭她的丈夫,哭她自己苦命,留不住她丈夫来照管她。她先哭时,声音很低,渐渐哭出声来。我醒了起来劝她,她不肯住。这时候,我总听得见前堂(二嫂住前堂东房)或后堂(大嫂住后堂西房)有一扇房门开了,一个嫂子走出房向厨房走去。不多一会,那位嫂子来敲我们的房门了。我开了房门,她走进来,捧着一碗热茶,送到我母亲床前,劝她止哭,请她喝口热茶。我母亲慢慢停住哭声,伸手接了茶碗。那位嫂子站着劝一会,才退出去。没有一句话提到什么人,也没有一个字提到这十天半个月来的气脸,然而各人心里明白,泡茶进来的嫂子总是那十天半个月来闹气的人。奇怪的很,这一哭之后,至少有一两个月的太平清静日子。

我母亲待人最仁慈,最温和,从来没有一句伤人感情的话;但她有时候也很有刚气,不受一点人格上的侮辱。我家五叔是个无正业的浪人,有一天在烟馆里发牢骚,说我母亲家中有事总请某人帮忙,大概总有什么好处给他。这句话传到了我母亲耳朵里,她气得大哭,请了几位本家来,把五叔喊来,她当面质问他,她给了某人什么好处。直到五叔当众认错赔罪,她才罢休。

我在我母亲的教训之下住了九年,受了她的极大极深的影响。我十四岁(其实只有十二零两三个月)便离开她了,在这广漠的人海里独自混了二十多年,没有一个人管束过我。如果我学得了一丝一毫的好脾气,如果我学得了一点点待人接物的和气,如果我能宽恕人,体谅人——我都得感谢我的慈母。

指点迷津

《我的母亲》选自《胡适自传》中的《四十自述》。作者写的是自己童年至少年时代如何在母亲的严格要求和深情关爱之下成长的往事,展示了母亲对自己的爱和母亲善良、宽容、有刚气的性格特征,表达了作者对母亲的感激和怀念之情。字里行间突现了母亲对作者深深的爱和严格的教育。该文没有花哨的文字,没有华丽的比喻,语言简洁流畅,举重若轻,显示了白话文的美感与魅力。

我们是怎样度过母亲节的

〔加拿大〕里柯克

在最近提出来的所有各式各样的意见中,我认为,一年过一次"母亲节"这个主意要算最高明了。难怪5月11日在美国正在成为一个人人喜爱的日子,而且我还相信,这样的想法也一定会蔓延到英国去。

在我们这样一个大家庭里,这个想法特别受欢迎,所以我们决定为"母亲节"举行一次特别庆祝。我们觉得这是个好主意。它使我们大伙儿都体会到:母亲为我们成年累月地操劳,她吃足苦头和付出牺牲,全都是为了我们的缘故。

因此,我们决定把这一天过得痛痛快快的,成为全家的一个节日,我们要做一切我们力所能及的事情让母亲高兴。父亲决定向办公室请一天假,好在庆祝节日时帮帮忙,姐姐安娜和我从大学请假回家,妹妹玛丽和弟弟维尔也从中学请假回来了。

我们的计划是,把这一天过得像过圣诞节或别的盛大的节日一样隆重,我们决定用鲜花点缀房间,在壁炉上摆些格言,以及诸如此类的事情。我们请母亲安排格言和布置装饰品,因为在圣诞节她是经常干这些事情的。

两个姑娘考虑到,逢到这样一个大场面,我们应该穿戴得最最漂亮才合适,于是她们俩都买了新帽子。母亲把两顶帽子都修饰了一番,使它们显得挺好看。父亲给他自己和我们兄弟俩买了几条带活结的丝领带,作为纪念母亲这个节日的纪念品。我们也准备给母亲买顶新帽子,不过,她倒是似乎更喜欢她那顶灰色的旧无沿帽,不喜欢新的,而且两个女孩子都说,那顶旧帽子,她戴了非常合适。

早饭后,我们做了一个出乎母亲意料之外的安排,我们准备雇一辆汽车,把她载到乡下去美滋滋地兜游一番。母亲一向是难得有这样一种享受的,因为我们只雇得起一个女佣人,在家里母亲几乎就得整天忙个不停。不然,如今乡下正是风光明媚的时节,要是让她驱车游逛几十里,度过一个美好的早晨,这对她来说可真会是莫大的享受。

但是，就在当天早晨，我们把计划稍微修改了一下，因为父亲想起了一个主意，与其让母亲坐在汽车里逛来逛去，倒不如带她去钓鱼更妙。父亲说，出租汽车么，雇了一样得花钱，我们何不利用它又游玩又开到山上有溪流的地方去钓鱼哩。就像父亲说的，如果你只是驱车出游而没有一个目标，那么你就会有一种漫无目的之感；可是如果你要去钓鱼，前面就有个明确的目标，能提高你的兴致。

我们大伙儿都感觉到，对母亲来说，有个明确的目标会更好些；再说，不管怎样，父亲昨天刚好又买了一根新钓竿，这就更自然而然地使他想起钓鱼来了。他还说，要是母亲愿意的话，她还可以使用那根钓竿；真的，他说过，钓竿实际上是给她买的，不过母亲说，她宁愿看着父亲钓鱼，她自己却不想钓。

这样，我们便为这次旅行做好了一切安排，我们让母亲切了些夹心面包片，为了怕我们肚子饿，还准备了一顿便餐，当然中午我们还要回到家里来吃一顿丰富的正餐，就像过圣诞节和新年那样。母亲把所有的东西都给我们收拾齐全，放到一只篮子里，准备上车。

唉，车子到了门口的时候，不料汽车里面看来并没有我们想象的那么宽敞，因为我们没有把父亲的鱼篓、钓竿以及便餐估计在内，显然，我们没法儿都坐进车里去。

父亲叫我们不必管他，他说他留在家里也很不错，而且他相信他能利用这段时间在花园里干点活儿；他说那里有一大堆他可以干的粗活和脏活，比如挖个垃圾坑什么的，这就免得雇人来干了，所以他愿意留在家里；他说我们也用不着顾虑他三年来一直没有过一个真正的假期这回事；他要我们马上出发，快快活活地过个节，不要为他操心。他说他能够整天埋头干活，而且，真的，他还说，本来，他想过个什么节就是想入非非。

不过，当然我们全都觉得，让父亲留在家里可绝对不行；特别是，我们都知道，他果真留下来的话，准会闯祸。安娜和玛丽姐妹俩倒也都乐意留下来，帮着女佣做中饭，只是，在这样一个美好的日子里，她们买了新帽子不戴一戴，未免太使人扫兴。不过，她们都表示，只要母亲说句话，她们就都乐意留在家里干活。维尔和我本来也愿意退出，但不幸的是，我们在准备饭菜上，却是一点忙也帮不上。

因此，到最后，决定还是母亲留下来，就在家里痛痛快快地休息一天，同时准备午饭。反正母亲不喜欢钓鱼，而且尽管天气明媚，阳光灿烂，但室外还是有点儿凉，父亲有些担心，要是母亲出门，她没准会着凉的。

他说，当母亲本来可以好好地休息的时候，如果他硬拉她到乡下去转悠，一下子得了重感冒，他是永远不会原谅自己的。他说，母亲既然已经为我们大伙儿操劳了一辈子，我们有责任想方设法让她尽可能安安静静地多休息会儿。他还说，他之所以想到出门去钓鱼，主要的是，这么一来就可以给母亲一点安静。他说年轻人很少能体会到，安静对于上了年纪的人有多么重大的意义。关于他自己，他总算还够硬朗，不过他很高兴能让母亲避免这一场折腾。

于是我们向母亲欢呼了三次之后就开车出发了。母亲站在阳台上，从那里瞅着我们，直到瞅不见为止。父亲每隔一会儿就转身向她挥手，后来他的手撞在车后座的边上，他才说，他认为母亲再看不见我们了。

嗯，我们把汽车开到美妙无比的山冈中行驶，度过了最愉快的一天。父亲钓到了各式各样的大鱼，他敢肯定，要是母亲来钓的话，她是无论如何也拽不上来的。维尔和我也都钓了，不过我们钓的鱼都不及父亲钓的那么多。至于那两个姑娘呢，在我们乘车一路去的时候，她们碰到不少熟人，在溪流旁边她们还遇到几个熟识的小伙子，便在一块儿聊起来。这一回，我们大伙儿都玩得痛快极了。

我们到家已经很晚，快到下午七点了，不过母亲猜到我们会回来得晚，于是她把开饭的时间推迟了，热腾腾的饭菜给我们准备着。可是首先她不得不给父亲拿来手巾和肥皂，还有干净的衣服，因为他钓鱼时总是弄得一身肮里肮脏的，这就叫母亲忙了好一阵子，接着，她又去帮女孩子们开饭。

终于，一切都齐备了，我们便在最最豪华的筵席上坐下来，有烤火鸡和圣诞节吃的各种各样的好东西。吃饭的时候，母亲不得不屡次三番地站起来，去帮着上菜、收盘，再坐下来吃；后来父亲注意到这种情况，便说，她完全不必这样忙来忙去，他要她歇会儿，于是他自己便站起身到碗橱里去拿水果。

这顿饭吃了好长的时间，真是有趣极了。吃完饭，我们大伙儿争着帮忙擦桌子，洗碗碟，可是母亲说她情愿亲自来做这些事，我们只好让她去做了，因为这一次我们也总得迁就她才行。

一切收拾完毕，已经很晚了。睡觉之前我们全都去吻过母亲；她说，这是她有生以来过得最最快活的一天。我觉得她眼里含着泪水。总之，我们大家都感觉到，我们所做的一切得到了最大的报偿。

指点迷津

斯蒂芬·巴特勒·里柯克(1869—1944)，是著名的加拿大幽默作家，也是加拿大第一位享有世界声誉的作家；在美国，他被认为是继马克·吐温之后最受人欢迎的幽默作家。他的作品也不是让人看过笑过就完，而是十分耐咀嚼、可回味，发人深省。里柯克无论写景写事还是写人，笔法都十分细腻，尤其是在刻画人物方面，更具有独特的本领。

这篇散文构思很巧妙，它在整体上是一个大的对比结构。“我们”动议过母亲节的初衷是“母亲为我们成年累月地操劳”，为了我们，“她吃足苦头和付出牺牲”。所以到了母亲节这特殊的一天，“我们要做一切力所能及的事情让母亲高兴”，让母亲享受享受我们的照顾和服侍。这本是常情常理。但是，接下来事情的发展完全与这常情常理相悖：为了过母亲节，“我们”家的两姊妹都给自己买了新帽子，而作为母亲节主角、理应穿戴一新的母亲却没有买，“她倒是似乎更喜欢她那顶灰色的旧无沿帽”；别人都只是在兴致勃勃地议论关于郊游的种种打算，而在这个节日里最该休息的母亲却在习惯性地默默为郊游做准备；由于车小人多盛不下，本来专门给母亲安排的这次郊游，却惟独母亲没能去；名义上是让母亲在家好好休息一天，实际上母亲却忙忙碌碌地整整操劳了一天，从烹制节日“豪华的宴席”上的美味佳肴，到帮助父亲换洗钓鱼时弄脏的衣服，照顾大家吃饭，直至最后收拾杯盘狼藉的餐桌。别人因为郊游玩得尽兴而认为是度过了最愉快的一天，而辛苦操劳了一天的母亲也说：“这是她有生以来最最快活的一天”，甚至晚上孩子们与她吻别时“她眼里含着泪水”。这泪水是为家人因为自己的牺牲而过得快乐而流的，也是为家人对自己牺牲的理解而流的，是幸福的泪水。作品一面写，照常理母亲最该休息，因为这天是母亲节，是一个特殊的日子；而另一面又写，在这一天母亲一如既往，是全家中最最辛苦的人(平时的辛苦就更可想而知)。在这种大的对比性结构中，揭示出母爱的精义：奉献、给予、默默无闻的自我牺牲，歌颂了母爱的伟大。这种奉献和牺牲，对于母亲来说，已经不是由外在的道德律令“规范”着她这样做，而是已成为她生命中一种内在需要，她甚至已经把这种奉献和牺牲，视为一种幸福。

感怀篇

站在时光的隧道,幽深和迷茫,回看一路的光阴,都是一个个美丽的故事,结局有好有坏,说到底是你在其中所扮演的角色,所起的分量。

还是做一个真我吧:拥有豪爽的性情,拥有诚实的心灵,拥有恬淡的情怀,寻得本性,自得其乐。

宠辱不惊,闲看庭前花开花落,去留无意,漫随天外云卷云舒。

当时光已逝

〔印度〕泰戈尔

假如时光已逝，
鸟儿不再歌唱，
风儿也吹倦了，
那就用黑暗的厚幕把我盖上，
如同黄昏时节你用睡眠的衾被裹住大地，
又轻轻合上睡莲的花瓣。
路途未完，行囊已空，
衣裳破裂污损，人已精疲力竭。
你驱散了旅客的羞愧和困窘，
使他在你仁慈的夜幕下，
如花朵般焕发生机。
在你慈爱的夜幕下苏醒。

指点迷津

诗歌是世界上最古老、最基本的文学形式，是一种阐述心灵的文学体裁，而诗人则需要掌握成熟的艺术技巧，并按照一定的音节、声调和韵律的要求，用凝练的语言、充沛的情感以及丰富的意象，来高度集中地表现社会生活和人类精神世界。

短小的语句道出深刻的人生哲理，引领世人探寻真理和智慧的源泉。白昼和黑夜、溪流和海洋、自由和背叛，都在泰戈尔的笔下合而为一。初读这些小诗，如同在暴风雨过后的初夏清晨，推开卧室的窗户，看到一个淡泊清透的世界，一切都是那样的清新、亮丽。

又是一年芳草绿

老　舍

悲观有一样好处,它能叫人把事情都看轻了一些。这个可也就是我的坏处,它不起劲,不积极。您看我挺爱笑不是?因为我悲观。悲观,所以我不能扳起面孔,大喊:“孤——刘备!”我不能这样。一想到这样,我就要把自己笑毛咕了。看着别人吹胡子瞪眼睛,我从脊梁沟上发麻,非笑不可。我笑别人,因为我看不起自己。别人笑我,我觉得应该;说得天好,我不过是脸上平润一点的猴子。我笑别人,往往招人不愿意;不是别人的量小,而是不像我这样稀松,这样悲观。我打不起精神去积极的干,这是我的大毛病。可是我不懒,凡是我该作的我总想把它作了,总算得点报酬养活自己与家里的人——往好了说,尽我的本分。我的悲观还没到想自杀的程度,不能不找点事作。有朝一日非死不可呢,那只好死喽,我有什么法儿呢?

这样,你瞧,我是无大志的人。我不想当皇上。最乐观的人才敢作皇上,我没这份胆气。

有人说我很幽默,不敢当。我不懂什么是幽默。假如一定问我,我只能说我觉得自己可笑,别人也可笑;我不比别人高,别人也不比我高。谁都有缺欠,谁都有可笑的地方。我跟谁都说得来,可是他得愿意跟我说;他一定说他是圣人,叫我三跪九叩报门而进,我没这个瘾。我不教训别人,也不听别人的教训。幽默,据我这么想,不是嬉皮笑脸,死不要鼻子。

也不是怎股子劲儿,我成了个写家。我的朋友德成粮店的写帐先生也是写家,我跟他同等,并且管他叫二哥。既是个写家,当然得写了。“风格即人”——还是“风格即驴”?——我是怎个人自然写怎样的文章了。于是有人管我叫幽默的写家。我不以这为荣,也不以这为辱。我写我的。卖得出去呢,多得个三块五块的,买什么吃不香呢。卖不出去呢,拉倒,我早知道指着写文章吃饭是不易的事。

稿子寄出去,有时候是肉包子打狗,一去不回头;连个回信也没有。这,咱只好幽默;多喒见着那个骗子再说,见着他,大概我们俩总有一个笑着去见阎王的,不过,这是不很多见的,要不怎么我还没想自杀呢。常见的事是这个,稿子登出去,酬金就睡着了,睡得还是挺香甜。直到我也睡着了,它忽然来了,仿佛故意吓人玩。数目也惊人,它能使我觉得自己不过值一毛五一斤,比猪肉还便宜呢。这个咱也不说什么,国难期间,大家都得受点苦,人家开铺子的也不容易,掌柜的吃肉,给咱点汤喝,就得念佛。是的,我是不能当皇上,焚书坑掌柜的,咱没那个狠心,你看这个劲儿!不过,有人想坑他们呢,我也不便拦着。

这么一来,可就有许多人看不起我。连好朋友都说:"伙计,你也硬正着点,说你是为人类而写作,说你是中国的高尔基;你太泄气了!"真的,我是泄气,我看高尔基的胡子可笑。他老人家那股子自卖自夸的劲儿,打死我也学不来。人类要等着我写文章才变体面了,那恐怕太晚了吧?我老觉得文学是有用的;拉长了说,它比任何东西都有用,都高明。可是往眼前说,它不如一尊高射炮,或一锅饭有用。我不能吆喝我的作品是"人类改造丸",我也不相信把文学杀死便天下太平。我写就是了。

别人的批评呢?批评是有益处的。我爱批评,它多少给我点益处;即使完全不对,不是还让我笑一笑吗?自己写的时候仿佛是蒸馒头呢,热气腾腾,莫名其妙。及至冷眼人一看,一定看出许多错儿来。我感谢这种指摘。说的不对呢,那是他的错儿,不干我的事。我永不驳辩,这似乎是胆儿小;可是也许是我的宽宏大量。我不便往自己脸上贴金。一件事总得由两面瞧,是不是?

对于我自己的作品,我不拿她们当作宝贝。是呀,当写作的时候,我是卖了力气,我想往好了写。可是一个人的天才与经验是有限的,谁也不敢保了老写的好,连荷马也有打盹的时候。有的人呢,每一拿笔便想到自己是但丁,是莎士比亚。这没有什么不可以的,天才须有自信的心。我可不敢这样,我的悲观使我看轻自己。我常想客观的估量估量自己的才力;这不易作到,我究竟不能像别人看我看得那样清楚;好吧,既不能十分看清楚了自己,也就不用装蒜,谦虚是必要的,可是装蒜也大可以不必。

对做人,我也是这样。我不希望自己是个完人,也不故意的招人家的骂。该求朋友的呢,就求;该给朋友作的呢,就作。作的好不好,咱们大家凭良心。所以我很和气,见着谁都能扯一套。可是,初次见面的人,我可是不大爱说话;特别是见着女人,我简直张不开口,我怕说错了话。在家里,我倒不十分怕太太,可是对别的女人老觉着恐慌,我不大明白妇女的心理;要是信口开河的说,我不定说出什么来呢,而妇女又爱挑眼。男人也有许多爱挑眼的,所以初次见面,我不大愿开口。我最喜辩论,因为红着脖子粗着筋的太不幽默。我最不喜欢好吹腾的人,可并不拒绝与这样的人谈话;我不爱这样的人,但喜欢听他的吹。最好是听着他吹,吹着吹着连他自己也忘了吹到什么地方去,那才有趣。

可喜的是有好几位生朋友都这么说:"没见着阁下的时候,总以为阁下有八十多岁了。敢情阁下并不老。"是的,虽然将奔四十的人,我倒还不老。因为对事轻淡,我心中不大藏着计划,作事也无须要手段,所以我能笑,爱笑;天真的笑多少显着年青一些。我悲观,但是不愿老声老气的悲观,那近乎"虎事"。我愿意老年轻轻的,死的时候像朵春花将残似的那样哀而不伤。我就怕什么"权威"咧,"大家"咧,"大师"咧,等等老气横秋的字眼们。我爱小孩,花草,小猫,小狗,小鱼;这些都不"虎事"。偶尔看见个穿小马褂的"小大人",我能难受半天,特别是那种所谓聪明的孩子,让我难过。比如说,一群小孩都在那儿看变戏法儿,我也在那儿,单会有那么一两个七八岁的小老头说:"这都是假的!"这叫我立刻走开,心里堵上一大块。世界确是更"文明"了,小孩也懂事懂得早了,可是我还愿意大家傻一点,特别是小孩。假若小猫刚生下来就会捕鼠,我就不再养猫,虽然它也许是个神猫。

我不大爱说自己,这多少近乎"吹"。人是不容易看清楚自己的。不过,刚过完了年,心中还慌着,叫我写"人生于世",实在写不出,所以就近的拿自己当材料。万一将来我不得已而作了皇上呢,这篇东西也许成为史料,等着瞧吧。

指点迷津

阅读老舍的这篇散文,会让我们感受到朴素文字下的情真意切,作者良好的心态是我们的榜样,心态不好的时候,写出来的文章也不会很美。

当我们读到"对于我自己的作品,我拿它当作宝贝。是呀,当写作的时候,我是卖了力气,我想往好写。可是一个人的才能与经验是有限的,谁也不敢老保证写好,连荷马也有打盹的时候。"我不禁拍手称赞,作者的谦虚跃然纸上。

读到"有的人呢一拿笔便想到自己是但丁,是莎士比亚。这没有什么不可以的,天才须有自信的心。我可不敢这样,我的悲观使我看清自己。……"此时,一阵阵的脸红,为什么看到"已下载"几个字就心觉得有了希望,谁说的呀,一切都是未知数吗。任何时候,要留一份悲观的心态给自己才对。

写文章,想象力是灵魂,没有想象力或者说不能让读者"浮想联翩"的文章,都算不得好文章。作者从"春"的翘舌发音联想到了"口哨声",由此展开了人们初造此字时的情景。虽然其实并非如此，却让读者感到十分的新奇和恰如其分。

然而，倘若文章只是停留在对春天的闲情写生上，还是不能算佳作。本文可贵之处在于最后的文字："穿越烟囱与烟囱的黑森林，我想走访那踯躅在湮远年代中的春天。"读到此处，我们才能明白，作者笔下的唯美春天，都是作者所怀想的"必然是这样的"古典中的春天，而现实则多是"烟囱与烟囱的黑森林"。由此发人深思，主题也得以进一步升华。

瓦尔登湖

〔美国〕梭罗

一个湖是风景中最美、最有表情的姿容。它是大地的眼睛；望着它的人可以测出他自己的天性的深浅。湖所产生的湖边的树木是睫毛一样的镶边，而四周森林蓊郁的群山和山崖是它的浓密突出的眉毛。

站在湖东端的平坦的沙滩上，在一个平静的九月下午，薄雾使对岸的岸线看不甚清楚，那时我了解了所谓"玻璃似的湖面"这句话是什么意思了。当你倒转了头看湖，它像一条最精细的薄纱张挂在山谷之上，衬着远处的松林而发光，把大气的一层和另外的一层隔开了。你会觉得你可以从它下面走过去，走到对面的山上，而身体还是干的，你觉得掠过水面的燕子很可以停在水面上。是的，有时它们汆水到水平线之下，好像这是偶然的错误，继而恍然大悟。当你向西，望到湖对面去的时候，你不能不用两手来保护你的眼睛，一方面挡开本来的太阳光，同时又挡开映在水中的太阳光；如果，这时你能够在这两种太阳光之间，批判地考察湖面，它正应了那句话，所谓"波平如镜"了，其时只有一些掠水虫，隔开了同等距离，分散在全部的湖面，而由于它们在阳光里发出了最精美的想象得到的闪光来，或许，还会有一只鸭子在整理它自己的羽毛，或许，正如我已经说过的，一只燕子飞掠在水面上，低得碰到了水。还有可能，在远处，有一条鱼在空中画出了一个大约三四英尺的圆弧来，它跃起时一道闪光，降落入水，又一道闪光，有时，全部的圆弧展露了，银色的圆弧；但这里或那里，有时会漂着一枝蓟草，鱼向它一跃，水上便又激起水涡。这像是玻璃的溶液，已经冷却，但是还没有凝结，而其中连少数尘垢也还是纯洁而美丽的，像玻璃中的细眼。你还常常可以看到一片更平滑、更黝黑的水，好像有一张看不见的蜘蛛网把它同其余的隔开似的，成了水妖的栅栏，躺在湖面。从山顶下瞰，你可以看到，几乎到处都有跃起的鱼；在这样凝滑的平面上，没有一条梭鱼或银鱼在捕捉一个虫子时，不会破坏全湖的均势的。真是神奇，这简简单单的一件事，却可以这么精巧地显现，——这水族界的谋杀案会暴露出来——我站在远远的高处，看到了那水的扩大的圆涡，它们的直径有五六杆长。甚至你还可以看到水蝎（学名 Gyrinus）不停地在平滑的水面滑了四分之一英里；它们微微地犁出了水上的皱纹来，分出两条界线，其间有着很明显的漪澜；而掠水虫在水面上滑来滑去却不留下显明的可见痕迹。在湖水激荡的时候，便看不到掠水虫和水蝎了，显然只在风平浪静的时候，它们才从它们的港埠出发，探险似地从湖岸的一面，用短距离的滑行，滑上前去，滑上前去，直到它们滑过全湖。这是何等愉快的事啊。秋天里，在这样一个晴朗的天气中，充分地享受了太阳的温暖，在这样的高处坐在一个树桩上，湖的全景尽收眼底，细看那圆圆的

水涡，那些圆涡一刻不停地刻印在天空和树木的倒影中间的水面上，要不是有这些水涡，水面是看不到的。在这样广大的一片水面上，并没有一点儿扰动，就有一点儿，也立刻柔和地复归于平静而消失了，好像在水边装一瓶子水，那些颤栗的水波流回到岸边之后，立刻又平滑了。一条鱼跳跃起来，一个虫子掉落到湖上，都这样用圆涡，用美丽的线条来表达，仿佛那是泉源中的经常的喷涌，它的生命的轻柔的搏动，它的胸膛的呼吸起伏。那是欢乐的震抖，还是痛苦的颤栗，都无从分辨。湖的现象是何等的和平啊！人类的工作又像在春天里一样的发光了。是啊，每一树叶、桠枝、石子和蜘蛛网在下午茶时又在发光，跟它们在春天的早晨承露以后一样。每一支划桨的或每一只虫子的动作都能发出一道闪光来，而一声桨响，又能引出何等的甜蜜的回音来啊！

在这样的一天里，九月或十月，瓦尔登是森林的一面十全十美的明镜，它四面用石子镶边，我看它们是珍贵而稀世的。再没有什么像这一个躺卧在大地表面的湖沼这样美，这样纯洁，同时又这样大。秋水长天。它不需要一个篱笆。民族来了，去了，都不能玷污它。这一面明镜，石子敲不碎它，它的水银永远擦不掉，它的外表的装饰，大自然经常地在那里弥补；没有风暴，没有尘垢，能使它常新的表面黯淡无光——这一面镜子，如果有任何不洁落在它面上，马上就沉淀，太阳的雾意的刷子常在拂拭它——这是光的拭尘布——呵气在上，也留不下形迹，成了云它就从水面漂浮到高高的空中，却又立刻把它反映在它的胸怀中了。

空中的精灵也都逃不过这一片大水。它经常地从上空接受新的生命和新的动作。湖是大地和天空之间的媒介物。在大地上，只有草木是摇摆如波浪的，可是水自身给风吹出了涟漪来。我可以从一线或一片闪光上，看到风从那里吹过去。我们能俯视水波，真是了不起。也许我们还应该像这样细细地俯视那天空的表面，看

看是不是有一种更精细的精灵，在它上面扫过。

到了十月的后半个月，掠水虫和水蝎终于不再出现了，严霜已经来到；于是在十一月中，通常在一个好天气里，没有任何东西在水面上激起涟漪。十一月中的一个下午，已经一连降落了几天的雨终于停止了，天空还全部都是阴沉沉的，充满了雾，我发现湖水是出奇的平静，因此简直就看不出它的表面来了，虽然它不再反映出十月份的光辉色彩，它却反映出了四周小山的十一月的阴暗颜色。于是我尽可能地轻轻静静，泛舟湖上，而船尾激起的微弱水波还一直延伸到我的视野之外，湖上的倒影也就曲折不已了。可是，当我望望水面，我远远地看到这里那里有一种微光，仿佛一些躲过了严霜的掠水虫又在集合了，或许是湖的平面太平静了，因此水底有涌起的泉源不知不觉也能在水面觉察到。划桨到了那些地方，我才惊奇地发现我自己已给成亿万的小鲈鱼围住，都只五英寸长；绿水中有了华丽的铜色，它们在那里嬉戏着，经常地升到水面来，给水面一些小小水涡，有时还留一些小小水泡在上面。在这样透明的、似乎无底的、反映了云彩的水中，我好像坐了轻气球而漂浮在空中，鲈鱼的游泳又是多么像在盘旋、飞翔，仿佛它们成了一群飞鸟，就在我所处的高度下，或左或右地飞绕；它们的鳍，像帆一样，饱满地张挂着。在这个湖中有许多这样的水族，显然它们要改进一下，在冬天降下冰幕，遮去它们的天光之前的那个短暂的季节，有时候那被它们激荡的水波，好像有一阵微风吹过，或者像有一阵温和的小雨点落下。等到我漫不经心地接近它们；它们惊慌起来，突然尾巴横扫，激起水花，好像有人用一根毛刷般的树枝鞭挞了水波，立刻它们都躲到深水底下去了。后来，风吹得紧了，雾也浓重了，水波开始流动，鲈鱼跳跃得比以前更高，半条鱼身已跳出水面，一下子跳了起来，成百个黑点，都有三英寸长。有一年，一直到十二月五号，我还看到水面上有水涡，我以为马上就会下大雨了，空中弥漫着雾，我急忙忙地坐在划桨的座位上，划回家去：雨点已经越来越大了，但是我不觉得雨点打在我的面颊上，其时我以为我免不了要全身湿透。可是突然间水涡全部没有了，原来这都是鲈鱼搅出来的，我的桨声终于把它们吓退到深水中去；我看到它们成群结队地消隐！这天下午我全身一直是干燥的呢。一个大约六十年前常来湖边的老头儿，每每在黑暗笼罩了周围森林的时候前来告诉我，在他那个时代，有时湖上很热闹，全是鸭子和别的水禽，上空还有许多老鹰在盘旋。他是到这里来钓鱼的，用的是他在岸上找到的一只古老的独木舟。这是两根白松，中间挖空，钉在一起造成的，两端都削成四方形。它很粗笨，可是用了很多年，才全部浸满了水，此后也许已沉到湖底去了。他不知道这是属于哪个人的；或可以说是属于湖所有的。

他常常把山核桃树皮一条条地捆起来，做成锚索。另外一个老年人，一个陶器工人，在革命以前住在湖边的，有一次告诉过他，在湖底下有一只大铁箱，还曾经看到过。有时候，它会给水漂到岸上来，可是等你走近的时候，它就又回到深水去，就此消失了。听到那有关独木舟的一段话，我感到很有趣味，这条独木舟代替了另外一条印第安的独木舟，材料还是一样，可是造得雅致得多。原先那大约是岸上的一棵树，后来，好像倒在湖中，在那儿漂荡了一世代之久，对这个湖来说，真是再适当不过的船舶。我记得我第一次凝望这一片湖水的深处时，隐约看到有很多大树干躺卧在湖底，若非大风把它们吹折的，便是经砍伐之后，停放在冰上，因为那时候木料的价格大便宜了，可是现在，这些树干大部分都已经消失了。

我第一次划船在瓦尔登湖上的时候，它四周完全给浓密而高大的松树和橡树围起，有些山凹中，葡萄藤爬过了湖边的树，形成一些凉亭，船只可以在下面通过。形成湖岸的那些山太峻削，山上的树木又太高，所以从西端望下来，这里像一个圆形剧场，水上可以演出些山林的舞台剧。我年纪轻一点的时候，就在那儿消磨了好些光阴，像和风一样地在湖上漂浮过，我先把船划到湖心，而后背靠在座位上，在一个夏天的上午，似梦非梦地醒着，直到船撞在沙滩上，惊动了我，我就欠起身来，看看命运已把我推送到哪一个岸边来了；那种日子里，懒惰是最诱惑人的事业，它的产量也是最丰富的。我这样偷闲地过了许多个上午。我宁愿把一日之计在于晨的最宝贵的光阴这样虚掷；因为我是富有的，虽然这话与金钱无关，我却富有阳光照耀的时辰以及夏令的日月，我挥霍着它们；我并没有把它们更多地浪费在工场中，或教师的讲台上，这我也一点儿不后悔。可是，自从我离开这湖岸之后，砍伐木材的人竟大砍大伐起来了。从此要有许多年不可能在林间的南道上徜徉了，不可能从这样的森林中偶见湖水了。我的缪斯女神如果沉默了，她是情有可原的。森林已被砍伐，怎能希望鸣禽歌唱？

现在，湖底的树干，古老的独木舟，黑魆魆的四周的林木，都没有了，村民本来是连这个湖在什么地方都不知道的，却不但没有跑到这湖上来游泳或喝水，反而想到用一根管子来把这些湖水引到村中去给他们洗碗洗碟子了。这是和恒河之水一样地圣洁的水！而他们却想转动一个开关，拔起一个塞子就利用瓦尔登的湖水了！这恶魔似的铁马，那裂破人耳的鼓膜的声音已经全乡镇都听得到了，它已经用肮脏的脚步使沸泉的水混浊了，正是它，它把瓦尔登岸上的树木吞噬了；这特洛伊木马，腹中躲了一千个人，全是那些经商的希腊人想出来的！哪里去找呵，找这个国家的武士，摩尔大厅的摩尔人，到名叫“深割”的最深创伤的地方去掷出复仇的投枪，刺入这傲慢瘟神的肋骨之间？然而，据我们知道的一些角色中，也许只有瓦尔登坚持得最久，最久地保持了它的纯洁。许多人都曾经被譬喻为瓦尔登湖，但只有少数几个人能受之无愧。虽然伐木的人已经把湖岸这一段和那一段的树木先后砍光了，爱尔兰人也已经在那儿建造了他们的陋室，铁路线已经侵入了它的边境，冰藏商人已经取过它一次冰，它本身却没有变化，还是我在青春时代所见的湖水；我反倒变了。它虽然有那么多的涟漪，却并没有一条永久性的皱纹。它永远年轻，我还可以站在那儿，看到一只飞燕突然扑下，从水面衔走一条小虫，正和从前一样。今儿晚上，这感情又来袭击我了，仿佛二十多年来我并没有几乎每天都和它在一起厮混过一样，——啊，这是瓦尔登，还是我许多年之前发现的那个林中湖泊；这儿，去年冬天被砍伐了一个森林，另一座林子已经跳跃了起来，在湖边依旧奢丽地生长；同样的思潮，跟那时候一样，又涌上来了；还是同样水露露的欢乐，内在的喜悦，创造者的喜悦，是的，这可能是我的喜悦。这湖当然是一个大勇者的作品，其中毫无一丝一毫的虚伪！他用他的手围起了这一泓湖水，在他的思想中，予以深化，予以澄清，并在他的遗嘱中，把它传给了康科德。我从它的水面上又看到了同样的倒影，我几乎要说了，瓦尔登，是你吗？

这不是我的梦，
用于装饰一行诗；
我不能更接近上帝和天堂
甚于我之生活在瓦尔登。
我是它的圆石岸，
飘拂而过的风；
在我掌中的一握，
是它的水，它的沙，
而它的最深邃僻隐处
高高躺在我的思想中。

指点迷津

亨利·戴维·梭罗（1817—1862），美国作家、思想家、自然主义者，19世纪超验主义运动的重要代表人物。梭罗的著作都是根据他在大自然中的体验写成的，表达了他对自然、人生和艺术问题的见解。在他笔下，自然、人以及超验主义理想交融汇合，浑然一体。

1845 年 7 月 4 日是美国独立纪念日，梭罗躲避喧嚣，独自一人来到偏僻的瓦尔登湖畔，建造了一个小木屋，一住就是两年多。在这期间，他观察自然景物，思考生命的意义，记录了大量的资料，后来形成了《瓦尔登湖》一书。书中有很多篇幅是关于禽兽、野兽、花草和树木的观察记录，以致和他同时代的人误将它当成一部关于自然的文献。其实书中蕴含很多深刻的哲学思想，展现作者人生观念、生活方式和对大自然的理解，表达了作者鲜明的思想倾向。它是美国现代文学史上最早的散文经典之一，书中散发着来自大自然的独特的清香。

"《瓦尔登湖》是一本静静的书，极静极静的书，并不是热热闹闹的书。它是一本孤独的书。它是一本一个人的书。如果你的心没静下来，你很难进入到这本书里去。当你的心静下来以后，你就会思考一些什么。"

你读了本文之后，思考什么呢？

麦琪的礼物

〔美国〕欧·亨利

一元八角七。全都在这儿了,其中六角是一分一分的铜板。这些分分钱是杂货店老板、菜贩子和肉店老板那儿软硬兼施地一分两分地扣下来,直弄得自己羞愧难当,深感这种掂斤播两的交易实在丢人现眼。德拉反复数了三次,还是一元八角七,而第二天就是圣诞节了。

除了扑倒在那破旧的小睡椅上哭嚎之外,显然别无他途。

德拉这样做了,可精神上的感慨油然而生,生活就是哭泣、抽噎和微笑,尤以抽噎占统治地位。

当这位家庭主妇逐渐平静下来之际,让我们看看这个家吧。一套带家具的公寓房子,每周房租八美元。尽管难以用笔墨形容,可它真真够得上乞丐帮这个词儿。

楼下的门道里有个信箱,可从来没有装过信,还有一个电钮,也从没有人的手指按响过电铃。而且,那儿还有一张名片,上写着"詹姆斯·迪林厄姆·杨先生"。

"迪林厄姆"这个名号是主人先前春风得意之际,一时兴起加上去的,那时候他每星期挣三十美元。现在,他的收入缩减到二十美元,"迪林厄姆"的字母也显得模糊不清,似乎它们正严肃地思忖着是否缩写成谦逊而又讲求实际的字母 D。不过,每当詹姆斯·迪林厄姆·杨回家,走进楼上的房间时,詹姆斯·迪林厄姆·杨太太,就是刚介绍给诸位的德拉,总是把他称作"吉姆",而且热烈地拥抱他。那当然是再好不过的了。

德拉哭完之后,往面颊上抹了抹粉,她站在窗前,痴痴地瞅着灰蒙蒙的后院里一只灰白色的猫正行走在灰白色的篱笆上。明天就是圣诞节,她只有一元八角七给吉姆买一份礼物。她花去好几个月的时间,用了最大的努力一分一分地攒积下来,才得了这样一个结果。一周二十美元实在经不起花,支出大于预算,总是如此。

只有一元八角七给吉姆买礼物,她的吉姆啊。她花费了多少幸福的时日筹划着要送他一件可心的礼物,一件精致、珍奇、贵重的礼物——至少应有点儿配得上吉姆所有的东西才成啊。

房间的两扇窗子之间有一面壁镜。也许你见过每周房租八美元的公寓壁镜吧。一个非常瘦小而灵巧的人,从观察自己在一连串的纵条影像中,可能会对自己的容貌得到一个大致精确的概念。德拉身材苗条,已精通了这门子艺术。

突然,她从窗口旋风般地转过身来,站在壁镜前面。她两眼晶莹透亮,但二十秒钟之内她的面色失去了光彩。她急速地拆散头发,使之完全泼散开来。

现在,詹姆斯·迪林厄姆·杨夫妇俩各有一件特别引以为豪的东西。一件是吉姆的金表,是他祖父传给父亲,父亲又传给他的传家宝;另一件则是德拉的秀发。如果示巴女王也住在天井对面的公寓里,总有一天德拉会把头发披散下来,露出窗外晾干,使那女王的珍珠宝贝黯然失色;如果地下室堆满金银财宝、所罗门王又是守门人的话,每当吉姆路过那儿,准会摸出金表,好让那所罗门王忌妒得吹胡子瞪眼睛。

此时此刻,德拉的秀发泼撒在她的周围,微波起伏,闪耀光芒,有如那褐色的瀑布。她的美发长及膝下,仿佛是她的一件长袍。接着,她又神经质地赶紧把头发梳好。踌躇了一分钟,一动不动地立在那儿,破旧的红地毯上溅落了一、两滴眼泪。

她穿上那件褐色的旧外衣,戴上褐色的旧帽子,眼睛里残留着晶莹的泪花,裙子一摆,便飘出房门,下楼来到街上。

她走到一块招牌前停下来,上写着:"索弗罗妮夫人——专营各式头发"。德拉奔上楼梯,气喘吁吁地定了定神。那位夫人身躯肥大,过于苍白,冷若冰霜,同"索弗罗妮"的雅号简直牛头不对马嘴。

"你要买我的头发吗?"德拉问。

"我买头发,"夫人说。"揭掉帽子,让我看看发样。"

那褐色的瀑布泼撒了下来。

"二十美元,"夫人一边说,一边内行似地抓起头发。

"快给我钱,"德拉说。

呵,接着而至的两个小时犹如长了翅膀,愉快地飞掠而过。请不用理会这胡诌的比喻。她正在彻底搜寻各家店铺,为吉姆买礼物。

她终于找到了,那准是专为吉姆特制的,决非为别人。她找遍了各家商店,哪儿也没有这样的东西,一条朴素的白金表链,镂刻着花纹。正如一切优质东西那样，它只以货色论长短，不以装潢来炫耀。而且它正配得上那只金表。她一见这条表链，就知道一定属于吉姆所有。它就像吉姆本人，文静而有价值——这一形容对两者都恰如其分。她花去二十一美元买下了，匆匆赶回家，只剩下八角七分钱。金表匹配这条链子，无论在任何场合，吉姆都可以毫无愧色地看时间了。

尽管这只表华丽珍贵，因为用的是旧皮带取代表链，他有时只偷偷地瞥上一眼。

德拉回家之后，她的狂喜有点儿变得审慎和理智了。她找出烫发铁钳，点燃煤气，着手修补因爱情加慷慨所造成的破坏，这永远是件极其艰巨的任务，亲爱的朋友们——简直是件了不起的任务呵。

不出四十分钟，她的头上布满了紧贴头皮的一绺绺小卷发，使她活像个逃学的小男孩。她在镜子里老盯着自己瞧，小心地、苛刻地照来照去。

"假如吉姆看我一眼不把我宰掉的话，"她自言自语，"他定会说我像个科尼岛上合唱队的卖唱姑娘。但是我能怎么办呢——唉，只有一元八角七，我能干什么呢？"

七点钟，她煮好了咖啡，把煎锅置于热炉上，随时都可做肉排。

吉姆一贯准时回家。德拉将表链对叠握在手心，坐在离他一贯进门最近的桌子角上。接着，她听见下面楼梯上响起了他的脚步声，她紧张得脸色失去了一会儿血色。她习惯于为了最简单的日常事物而默默祈祷，此刻，她悄声道："求求上帝，让他觉得我还是漂亮的吧。"

门开了，吉姆步入，随手关上了门。他显得瘦削而又非常严肃。可怜的人儿，他才二十二岁，就挑起了家庭重担！他需要买件新大衣，连手套也没有呀。

吉姆站在屋里的门口边，纹丝不动地好像猎犬嗅到了鹌鹑的气味似的。他的两眼固定在德拉身上，其神情使她无法理解，令她毛骨悚然。既不是愤怒，也不是惊讶，又不是不满，更不是嫌恶，根本不是她所预料的任何一种神情。他仅仅是面带这种神情死死地盯着德拉。

德拉一扭腰，从桌上跳了下来，向他走过去。

"吉姆，亲爱的，"她喊道，"别那样盯着我。我把头发剪掉卖了，因为不送你一件礼物，我无法过圣诞节。头发会再长起来——你不会介意，是吗？我非这么做不可。我的头发长得快极了。说'恭贺圣诞'吧！吉姆，让我们快快乐乐的。你肯定猜不着我给你买了一件多么好的——多么美丽精致的礼物啊！"

"你已经把头发剪掉了？"吉姆吃力地问道，似乎他绞尽脑汁也没弄明白这明摆着的事实。

“剪掉卖了,”德拉说。“不管怎么说,你不也同样喜欢我吗?没了长发,我还是我嘛,对吗?”

吉姆古怪地四下望望这房间。

“你说你的头发没有了吗?”他差不多是白痴似的问道。

“别找啦,”德拉说。“告诉你,我已经卖了——卖掉了,没有啦。这是圣诞前夜,好人儿。好好待我,这是为了你呀。也许我的头发数得清,”突然她特别温柔地接下去,“可谁也数不清我对你的恩爱啊。我做肉排吗,吉姆?”

吉姆好像从恍惚之中醒来,把德拉紧紧地搂在怀里。现在,别着急,先让我们花个十秒钟从另一角度审慎地思索一下某些无关紧要的事。房租每周八美元,或者一百万美元——那有什么差别呢?数学家或才子会给你错误的答案。麦琪带来了宝贵的礼物,但就是缺少了那件东西。这句晦涩的话,下文将有所交待。

吉姆从大衣口袋里掏出一个小包,扔在桌上。

“别对我产生误会,德尔,”他说道,“无论剪发、修面,还是洗头,我以为世上没有什么东西能减低一点点对我妻子的爱情。不过,你只要打开那包东西,就会明白刚才为什么使我愣头愣脑了。”

白皙的手指灵巧地解开绳子,打开纸包。紧接着是欣喜若狂的尖叫,哎呀!突然变成了女性神经质的泪水和哭泣,急需男主人千方百计的慰藉。

还是因为摆在桌上的梳子——全套梳子,包括两鬓用的,后面的,样样俱全。那是很久以前德拉在百老汇的一个橱窗里见过并羡慕得要死的东西。这些美妙的发梳,纯玳瑁做的,边上镶着珠宝——其色彩正好同她失去的美发相匹配。她明白,这套梳子实在太昂贵,对此,她仅仅是羡慕渴望,但从未想到过据为己有。现在,这一切居然属于她了,可惜那有资格佩戴这垂涎已久的装饰品的美丽长发已无影无踪了。

不过,她依然把发梳搂在胸前,过了好一阵子才抬起泪水迷蒙的双眼,微笑着说:“我的头发长得飞快,吉姆!”

随后,德拉活像一只被烫伤的小猫跳了起来,叫道,“喔!喔!”

吉姆还没有瞧见他的美丽的礼物哩。她急不可耐地把手掌摊开,伸到他面前,那没有知觉的贵重金属似乎闪现着她的欢快和热忱。

“漂亮吗,吉姆?我搜遍了全城才找到了它。现在,你每天可以看一百次时间了。把表给我,我要看看它配在表上的样子。”

吉姆非但不按她的吩咐行事，反而倒在睡椅上，两手枕在头下，微微发笑。

"德尔，"他说，"让我们把圣诞礼物放在一边，保存一会儿吧。它们实在太好了，目前尚不宜用。我卖掉金表，换钱为你买了发梳。现在，你做肉排吧。"

正如诸位所知，麦琪是聪明人，聪明绝顶的人，他们把礼物带来送给出生在马槽里的耶稣。他们发明送圣诞礼物这玩意儿。由于他们是聪明人，毫无疑问，他们的礼物也是聪明的礼物，如果碰上两样东西完全一样，可能还具有交换的权利。在这儿，我已经笨拙地给你们介绍了住公寓套间的两个傻孩子不足为奇的平淡故事，他们极不明智地为了对方而牺牲了他们家最最宝贵的东西。不过，让我们对现今的聪明人说最后一句话，在一切馈赠礼品的人当中，那两个人是最聪明的。在一切馈赠又接收礼品的人当中，像他们两个这样的人也是最聪明的。无论在任何地方，他们都是最聪明的人。

他们就是麦琪。

指点迷津

《麦琪的礼物》是欧·亨利的经典短篇小说之一，描写了一对恩爱的夫妻在圣诞节前一天互赠礼物。他们为了给对方赠送后最好的礼物，分别失去了自己最宝贵的东西，结果事与愿违，两人珍贵的礼物都变成了无用的东西。但同时他们又得到了比任何实物都宝贵的东西，那就是爱，小说以精巧的笔法告诉人们要尊重他人的爱，学会去爱他人。

想 飞

徐志摩

假如这时候窗子外有雪——街上,城墙上,屋脊上,都是雪,胡同口一家屋檐下偎着一个戴黑兜帽的巡警,半拢着睡眼,看棉团似的雪花在半空中跳着玩……假如这夜是一个深极了的啊,不是壁上挂钟的时针指示给我们看的深夜,这深就比是一个山洞的深,一个往下钻螺旋形的山洞的深……

假如我能有这样一个深夜,它那无底的阴森捻起我遍体的毫管;再能有窗子外不住往下筛的雪,筛淡了远近间飏动的市谣;筛泯了在泥道上挣扎的车轮;筛灭了脑壳中不妥协的潜流……

我要那深,我要那静。那在树荫浓密处躲着的夜鹰,轻易不敢在天光还在照亮时出来睁眼。思想:它也得等。

青天里有一点子黑的。正冲着太阳耀眼,望不真,你把手遮着眼,对着那两株树缝里瞧,黑的,有榧子来大,不,有桃子来大——嘿,又移着往西了!

我们吃了中饭出来到海边去。(这是英国康槐尔极南的一角,三面是大西洋)。勖丽丽的叫响从我们的脚底下匀匀的往上颤,齐着腰,到了肩高,过了头顶,高入了云,高出了云。啊!你能不能把一种急震的乐音想象成一阵光明的细雨,从蓝天里冲着这平铺着青绿的地面不住的下?不,那雨点都是跳舞的小脚,安琪儿的。云雀们也吃过了饭,离开了它们卑微的地巢飞往高处做工去。上帝给它们的工作,替上帝做的工作。瞧着,这儿一只,那边又起了两!一起就冲着天顶飞,小翅膀活动的多快活,圆圆的,不踌躇的飞,——它们就认识青天。一起就开口唱,小嗓子活动的多快活,一颗颗小精圆珠子直往外唾,亮亮的唾,脆脆的唾,——它们赞美的是青天。瞧着,这飞得多高,有豆子大,有芝麻大,黑刺刺的一屑,直顶着无底的天顶细细的摇,——这全看不见了,影子都没了!但这光明的细雨还是不住的下着……

飞。“其翼若垂天之云……背负苍天，而莫之夭阏者；”那不容易见着。我们镇上东关厢外有一座黄泥山，山顶上有一座七层的塔，塔尖顶着天。塔院里常常打钟，钟声响动时，那在太阳西晒的时候多，一枝艳艳的大红花贴在西山的鬓边回照着塔山上的云彩，——钟声响动时，绕着塔顶尖，摩着塔顶天，穿着塔顶云，有一只两只，有时三只四只有时五只六只蜷着爪往地面瞧的“饿老鹰”，撑开了它们灰苍苍的大翅膀没挂恋似的在盘旋，在半空中浮着，在晚风中泅着，仿佛是按着塔院钟的波荡来练习圆舞似的。那是我做孩子时的“大鹏”。有时好天抬头不见一瓣云的时候听着猇忧忧的叫响，我们就知道那是宝塔上的饿老鹰寻食吃来了，这一想象半天里秃顶圆睛的英雄，我们背上的小翅膀骨上就仿佛豁出了一铿铿铁刷似的羽毛，摇起来呼呼响的，只一摆就冲出了书房门，钻入了玳瑁镶边的白云里玩儿去，谁耐烦站在先生书桌前晃着身子背早上上的多难背的书！啊飞！不是那在树枝上矮矮的跳着的麻雀儿的飞；不是那凑天黑从堂匾后背冲出来赶蚊子吃的蝙蝠的飞；也不是那软尾巴软嗓子做窠在堂檐上的燕子的飞。要飞就得满天飞，风拦不住云挡不住的飞，一翅膀就跳过一座山头，影子下来遮得阴二十亩稻田的飞，到天晚飞倦了就来绕着那塔顶尖顺着风向打圆圈做梦……听说饿老鹰会抓小鸡！

飞。人们原来都是会飞的。天使们有翅膀，会飞，我们初来时也有翅膀，会飞。我们最初来就是飞了来的，有的做完了事还是飞了去，他们是可羡慕的。但大多数人是忘了飞的，有的翅膀上掉了毛不长再也飞不起来，有的翅膀叫胶水给胶住了，再也拉不开，有的羽毛叫人给修短了像鸽子似的只会在地上跳，有的拿背上一对翅膀上当铺去典钱使过了期再也赎不回……真的，我们一过了做孩子的日子就掉了飞的本领。但没了翅膀或是翅膀坏了不能用是一件可怕的事。因为你再也飞不回去，你蹲在地上呆望着飞不上去的天，看旁人有福气的一程一程的在青云里逍遥，那多可怜。而且翅膀又不比是你脚上的鞋，穿烂了可以再问妈要一双去，翅膀可不成，折了一根毛就是一根，没法给补的。还有，单顾着你翅膀也还不定规到时候能飞，你这身子要是不谨慎养太肥了，翅膀力量小再也拖不起，也是一样难不是？一对小翅膀驮不起一个胖肚子，那情形多可笑！到时候你听人家高声的招呼说，朋友，回去吧，趁这天还有紫色的光，你听他们的翅膀在半空中沙沙的摇响，朵朵的春云跳过来拥着他们的肩背，望着最光明的来处翩翩的，冉冉的，轻烟似的化出了你的视域，像云雀似的只留下一泻光明的骤雨——“Thou art unseen but yet I hear thy shrill delight”——那你，独自在泥涂里淹着，够多难受，够多懊恼，够多寒伧！趁早留神你的翅膀，朋友？

是人没有不想飞的,老是在这地面上爬着够多厌烦,不说别的。飞出这圈子,飞出这圈子!到云端里去,到云端里去!哪个心里不成天千百遍的这么想?飞上天空去浮着,看地球这弹丸在太空里滚着,从陆地看到海,从海再看回陆地。凌空去看一个明白——这才是做人的趣味,做人的权威,做人的交代。这皮囊要是太重挪不动,就掷了它,可能的话,飞出这圈子,飞出这圈子!

人类初发明用石器的时候,已经想长翅膀。想飞。原人洞壁上画的四不像,它的背上掮着翅膀;拿着弓箭赶野兽的,他那肩背上也给安了翅膀。小爱神是有一对粉嫩的肉翅的。挨开拉斯(Icarus)是人类飞行史里第一个英雄,第一次牺牲。安琪儿(那是理想化的人)第一个标记是帮助他们飞行的翅膀。那也有沿革——你看西洋画上的表现。最初像是一对小精致的令旗,蝴蝶似的粘在安琪儿们的背上,像真的,不灵动的。渐渐的翅膀长大了,地位安准了,毛羽丰满了。画图上的天使们长上了真的可能的翅膀。人类初次实现了翅膀的观念,彻悟了飞行的意义。挨开拉斯闪不死的灵魂,回来投生又投生。人类最大的使命,是制造翅膀;最大的成功是飞!理想的极度,想象的止境,从人到神!诗是翅膀上出世的;哲理是在空中盘旋的。飞:超脱一切,笼盖一切,扫荡一切,吞吐一切。

你上那边山峰顶上试去,要是度不到这边山峰上,你就得到这万丈的深渊里去找你的葬身地!"这人形的鸟会有一天试他第一次的飞行,给这世界惊骇,使所有的著作赞美,给他所从来的栖息处永久的光荣。"

但是飞?自从挨开拉斯以来,人类的工作是制造翅膀,还是束缚翅膀?这翅膀,承上了文明的重量,还能飞吗?都是飞了来的,还都能飞了回去吗?钳住了,烙住了,压住了,——这人形的鸟会有试他第一次飞行的一天吗?……

同时天上那一点子黑的已经迫近在我的头顶,形成了一架鸟形的机器,忽的机沿一侧,一球光直往下注,硼的一声炸响,——炸碎了我在飞行中的幻想,青天里平添了几堆破碎的浮云。

指点迷津

徐志摩(1897—1931),现代诗人、散文家。原名章垿,留学英国时改名志摩。徐志摩是新月派代表诗人,新月诗社成员,代表作有《再别康桥》《翡冷翠的一夜》。徐志摩是一位在中国文坛上曾经活跃一时并有一定影响的作家,他的世界观是没有主导思想的,或者说是个超阶级的"不含党派色彩的诗人"。他的思想、创作呈现的面貌和发展的趋势,都说明他是个布尔乔亚诗人。其思想的发展变化和创作前后期的不同状况，是与当时社会历史特点关联着的。

本文就具有上述的特点，既充满了自由的气息，同时又具有独特的激昂语言和充沛感情。作者将“飞”赋予了“超脱一切，笼盖一切，扫荡一切，吞吐一切”的意义，以瞬间的灵感释放了心底压抑已久的感情，并寻求灵魂深处的释放和解脱。但是，正如狂欢过后尽是孤单一样，这种释放并不意味着最终的解脱和成功，宣泄之后反而是更深沉的苦闷与压抑，这就是理想遭遇现实所导致的结果，从文中我们可以看出作者对于现实的愤恨、不满，以及深深的无奈，这也算是一种另类的感怀吧。

秋林晚步

王统照

“枯桑叶易零,疲客心易惊!今兹亦何早,已闻络纬鸣。迴风灭且起,卷蓬息复征。……百物方萧瑟,坐叹从此生!”

中国文人以“秋”为肃杀凄凉的节季,所以天高日回,烟霏云敛的话,常常在诗文中可以读到。实在由一个丰缛的盛夏,转到深秋,便易觉到萧凄之感。登山临水,偶然看见清脱的峰峦,澄明的潭水,或者一只远飞的孤雁,一片堕地的红叶,……这须臾中的间隔,便有“物谢岁微”,抚赏怨情的滋味,充满心头!因为那凋零的,扫落的,骚杀的,冷静的景物,自然的摇落,是凄零的声,灰淡淡的色,能够使你弹琴没有谐调,饮酒失却欢情。

“春”以花艳,“夏”以叶鲜,说到“秋”来,便不能不以林显了。花欲其娇丽,叶欲其密茂,而林则以疏,以落而愈显,茂林,密林,丛林,固然是令人有苍苍翳翳之感,然而究不如秃枯的林木,在那些曲径之旁,飞蓬之下;分外有诗意,有异感,疏枝,霜叶之上,有高苍而带有灰色面目的晴空,有络纬,蟪蛄以及不知名的秋虫凄鸣在林下。或者是天寒荒野,或者是日暮清溪,在这种地方偶然经过,枫,柏,白杨的挺立,朴疏的小树的疲舞,加上一声两声的昏鸦,寒虫,你如果到那里,便自然易生凄寥的感动。常想人类的感觉难加以详密的分析;即有分析也不过是物质上的说明,难得将精神的分化说个详尽。从前见太侔与人信中说:心理学家多少年的苦心的发明,恒不抵文学家一语道破,……所以像为时令及景物的变化,而能化及人的微妙的感觉,这非容易说明的。实感的精妙处,实非言语学问所能说得出,解得透。心与物的应感,时既不同,人人也不相似。“抚己忽自笑,沉吟为谁故?”即合起古今来的诗人,又哪一个能够说得毫无执碍呢?

还是向秋林下作一迟回的寻思吧。是在一抹的密云之后,露出淡赭色的峰峦,那里有陂陀的斜径,由萧疏的林中穿过。矫立的松柏,半落叶子的杉树,以及几行待髡的秋柳……那乱石清流边,一个人儿独自在林下徘徊,天色是淡黄的,为落日斜映,现出凄迷朦胧的景象,不问便知是已近黄昏了。……这已近黄昏的秋林独步,像是一片凄清的音乐由空中流出。

"残阳已下,凉风东升,偶步疏林,落叶随风作响,如诉其不胜秋寒者! ……"

这空中的画幅的作者,明明用诗的散文告诉我们秋林下的幽趣,与人的密感。远天下的鸣鸿,秋原上的枯草,正可与这秋林中的独行者相慰寂寞。

秋之凄戾,晚之默对,如果那是个易感的诗人,他的清泪当潸然滴上襟袖;如果他是个少年,对此疏林中的暝色,便又在冥茫之下生出惆怅的心思。在这时所有的生动,激愤,忧切,合成一个密点的网子,融化在这秋晚的憧憬的景物之中,拾不起的,剪不断的,丢不下的,只有凄凄地微感;……这微感却正是诗人心中的灵明的火焰! 它虽不能烧却野草,使之燎原,然而那无凭的,空虚的感动,已在暮色清寥中,将此奇秘的宇宙,融化成一个原始的中心。

一切精微感觉的迫压我们,只有"不胜"二字足以代表。若使完全容纳在心中,便无复洋溢有余的寻思:若使它隔得我们远远的,至多也不过如看风景画片值得一句赞叹。然而身在实感之中,又若"不胜",于是他不能自禁,也不能想好法来安排了。落叶如"不胜"秋寒,而落叶林下的人儿,恐怕也觉得"不胜秋"了! 况且那令人眷念怅寻的黄昏,又加上一层凋零的骚杀的意味呢!

真的,这一幅小小的绘画,将我的冥思引起。疏言画成赠我,又值此初秋,令人坐对着画儿,遥听着海边的落叶声,焉能不有一点莫能言说的惆怅!

指点迷津

王统照(1897—1957),字剑三,笔名息庐、容庐。现代作家,1918 年办《曙光》,1921 年与郑振铎、沈雁冰等发起成立文学研究会,著有《山雨》《黄昏》等多部长篇小说。

本文描写的是已近黄昏的秋林独步,给读者的感受像是一片凄清的音乐由空中流出:残阳已下,凉风飘起,偶步疏林,落叶随风作响,如诉其不胜秋寒者! 这是应该用心灵去感知的景色,微妙得几近不可言传。但作者却用细腻的笔触,将他的感怀传递给了我们。让我们细细咀嚼吧。

夏 夜

萧 红

汪林在院心坐了很长的时间了。小狗在她的脚下打着滚睡了。

“你怎么样？我胳臂疼。”

“你要小声点说，我妈会听见。”

我抬头看，她的母亲在纱窗里边，于是我们转了话题。在江上摇船到“太阳岛”去洗澡这些事，她是背着她的母亲的。

第二天，她又是去洗澡。我们三个人租一条小船，在江上荡着。清凉的，水的气味。郎华和我都唱起来了。汪林的嗓子比我们更高。小船浮得飞起来一般。

夜晚又是在院心乘凉，我的胳臂为着摇船而痛了，头觉得发胀。我不能再听那一些话感到趣味。什么恋爱啦，谁的未婚夫怎样啦，某某同学结婚，跳舞……我什么也不听了，只是想睡。

“你们谈吧。我可非睡觉不可，”我向她和郎华告辞。

睡在我脚下的小狗，我误踏了它，小狗还在哽哽地叫着，我就关了门。

最热的几天，差不多天天去洗澡，所以夜夜我早早睡。郎华和汪林就留在暗夜的院子里。

只要接近着床，我什么全忘了。汪林那红色的嘴，那少女的烦闷……夜夜我不知道郎华什么时候回屋来睡觉。就这样，我不知过了几天了。

“她对我要好，真是……少女们。”

“谁呢？”

“那你还不知道！”

“我还不知道。”我其实知道。

很穷的家庭教师，那样好看的有钱的女人竟向他要好了。

“我坦白地对她说了：我们不能够相爱的，一方面有吟，一方面我们彼此相差得太远……你沉静点吧……”他告诉我。

又要到江上去摇船。那天又多了三个人,汪林也在内。一共是六个人:陈成和他的女人,郎华和我,汪林,还有那个编辑朋友。

停在江边的那一些小船动荡得落叶似的。我们四个跳上了一条船,当然把汪林和半胖的人丢下。他们两个就站在石堤上。本来是很生疏的,因为都是一对一对的,所以我们故意要看他们两个也配成一对,我们的船离岸很远了。

“你们坏呀!你们坏呀!”汪林仍叫着。

为什么骂我们坏呢?那人不是她一个很好的小水手吗?为她荡着桨,有什么不愿意吗?也许汪林和我的感情最好,也许也最愿意和我同船。船荡得那么远了,一切江岸上的声音都隔绝,江沿上的人影也消灭了轮廓。

水声,浪声,郎华和陈成混合着江声在唱。远远近近的那一些女人的阳伞,这一些船,这一些幸福的船呀!满江上是幸福的船,满江上是幸福了!人间,岸上,没有罪恶了吧!

再也听不到汪林的喊,他们的船是脱开离我们很远了。

郎华故意把桨打起的水星落到我的脸上。船越行越慢,但郎华和陈成流起汗来。桨板打到江心的沙滩了,小船就要搁浅在沙滩上。这两个勇敢的大鱼似的跳下水去,在大江上挽着船行。

一入了湾,把船任意停在什么地方都可以。

我浮水是这样浮的:把头昂在水外,我也移动着,看起来在浮,其实手却抓着江底的泥沙,鳄鱼一样,四条腿一起爬着浮。那只船到来时,听着汪林在叫。很快她脱了衣裳,也和我一样抓着江底在爬,但她是快乐的,爬得很有意思。在沙滩上滚着的时候,居然很熟识了,她把伞打起来,给她同船的人遮着太阳,她保护着他。陈成扬着沙子飞向他:“陵,着镖吧!”

汪林和陵站了一队,用沙子反攻。

我们的船出了湾,已行在江上时,他们两个仍在沙滩上走着。

“你们先走吧,看我们谁先上岸。”汪林说。

太阳的热力在江面上开始减低,船是顺水行下去的。他们还没有来,看过多少只船,看过多少柄阳伞,然而没有汪林的阳伞。太阳西沉时,江风很大了,浪也很高,我们有点担心那只船。李说那只船是“迷船”。

四个人在岸上就等着这“迷船”,意想不到的是他们绕着弯子从上游来的。

汪林不骂我们是坏人了,风吹着她的头发,那兴奋的样子,这次摇船好像她比我们得到的快乐更大,更多……

早晨在看报时,编辑居然作诗了。大概就是这样的意思:

愿意风把船吹翻,愿意和美人一起沉下江去……

我这样一说,就没有诗意了。总之,可不是前几天那样的话,什么摩登女子吃“血”活着啦,小姐们的嘴是吃“血”的嘴啦……总之可不是那一套。这套比那套文雅得多,这套说摩登女子是天仙,那套说摩登女子是恶魔。

林和郎华在夜间也不那么谈话了。陵编辑一来,她就到我们屋里来,因此陵到我们家来的次数多多了。

“今天早点走……多玩一会,你们在街角等我。”这样的话,汪林再不向我们说了。她用不到约我们去“太阳岛”了。

伴着这吃人血的女子在街上走,在电影院里会,他也不怕她会吃他的血,还说什么怕呢,常常在那红色的嘴上接吻,正因为她的嘴和血一样红才可爱。

骂小姐们是恶魔是羡的意思,是伸手去攫取怕她逃避的意思。

在街上,汪林的高跟鞋,陵的亮皮鞋,格登格登和谐地响着。

指点迷津

本文以细腻柔弱的笔法、女性的情怀,写出了一种淡雅,一种追求,一种向往。那是压抑下的宁静,心灵深处颤颤的欲望。这是萧红独特的笔法。

秋声赋

欧阳修

欧阳子方夜读书，闻有声自西南来者，悚然而听之，曰："异哉！"初淅沥以萧飒，忽奔腾而砰湃；如波涛夜惊，风雨骤至。其触于物也，鏦鏦铮铮，金铁皆鸣；又如赴敌之兵，衔枚疾走，不闻号令，但闻人马之行声。予谓童子："此何声也？汝出视之。"童子曰："星月皎洁，明河在天，四无人声，声在树间。"

予曰："噫嘻悲哉！此秋声也。胡为而来哉？盖夫秋之为状也，其色惨淡，烟霏云敛；其容清明，天高日晶；其气栗冽，砭人肌骨；其意萧条，山川寂寥。故其为声也，凄凄切切，呼号愤发。丰草绿缛而争茂，佳木葱茏而可悦。草拂之而色变，木遭之而叶脱。其所以摧败零落者，乃其一气之余烈。夫秋，刑官也，于时为阴；又兵象也，于行用金。是谓天地之义气，常以肃杀而为心。天之于物，春生秋实，故其在乐也，商声主西方之音，夷则为七月之律。商，伤也，物既老而悲伤；夷，戮也，物过盛而当杀。"

"嗟夫！草木无情，有时飘零。人为动物，惟物之灵。百忧感其心，万物劳其形，有动于中，必摇其精。而况思其力之所不及，忧其智之所不能，宜其渥然丹者为槁木，黟然黑者为星星。奈何以非金石之质，欲与草木而争荣？念谁为之戕贼，亦何恨乎秋声？"

童子莫对，垂头而睡。但闻四壁虫声唧唧，如助予之叹息。

译文：欧阳先生夜里正在读书，（忽然）听到有声音从西南方向传来，心里不禁悚然。他一听，惊道："奇怪啊！"这声音初听时像淅淅沥沥的雨声，其中还夹杂着萧萧飒飒的风吹树木声，然后忽然变得汹涌澎湃起来；像是江河夜间波涛突起、风雨骤然而至。碰到物体上发出铿锵之声，又好像金属撞击的声音；再（仔细）听，又像衔枚奔走去袭击敌人的军队，听不到任何号令声，只听见有人马行进的声音。（于是）我对童子说："这是什么声音？你出去看看。"童子回答说："月色皎皎、星光灿烂、浩瀚银河、高悬中天，四下里没有人的声音，那声音是从树林间传来的。”

我叹道：“唉，可悲啊！这就是秋声呀。它为何而来呢？大概那秋天的样子，它的色调暗淡、烟飞云收；它的形貌清新明净、天空高远、日色明亮；它的气候寒冷、刺人肌骨；它的意境寂寞冷落，没有生气、川流寂静、山林空旷。所以它发出的声音时而凄凄切切，呼号发生迅猛，不可遏止。绿草浓密丰美，争相繁茂，树木青翠茂盛而使人快乐。然而，一旦秋风吹起，拂过草地，草就要变色；掠过森林，树就要落叶。它能折断枝叶、凋落花草，使树木凋零的原因，便是一种构成天地万物的浑然之气(秋气)的余威。秋天是刑官执法的季节，它在季节上说属于阴；秋天又是兵器和用兵的象征，在五行上属于金。这就是常说的天地之严凝之气，它常常以肃杀为意志。自然对于万物，要求它们在春天生长，在秋天结出果实。所以，秋天在音乐的五声中又属商声。商声是西方之声，夷则是七月的曲律之名。商，也就是‘伤’的意思，万物衰老了，都会悲伤。夷，是杀戮的意思，草木过了繁盛期就应该衰亡。”

“唉！草木是无情之物，尚有衰败零落之时。人为动物，在万物中又最有灵性，无穷无尽的忧虑煎熬他的心绪，无数琐碎烦恼的事来劳累他的身体。只要内心被外物触动，就一定会消耗他的精气。更何况常常思考自己的力量所做不到的事情，忧虑自己的智慧所不能解决的问题，自然会使他红润的面色变得苍老枯槁，乌黑的头发变得花白。(既然这样)为什么却要以并非金石的肌体，去像草木那样争一时的荣盛呢？(人)应当仔细考虑究竟是谁给自己带来了这么多残害，又何必去怨恨这秋声呢？”

书童没有应答，低头沉沉睡去。只听得四壁虫鸣唧唧，像在附和我的叹息。

指点迷津

欧阳修(1007—1072)，北宋文学家、史学家，“唐宋八大家”之一。诗风与其散文近似，语言流畅自然。其词婉丽，承袭南唐余风。

《秋声赋》是欧阳修继《醉翁亭记》后的又一名篇。它骈散结合，铺陈渲染，词采讲究，是宋代文赋的典范。

秋在古代也是肃杀的象征，一切生命都在秋天终止。作者的心情因为屡次遭贬而郁闷，但他借秋声告诫世人：不必悲秋、恨秋，怨天尤地，而应自我反省。这一立意，抒发了作者难有所为的郁闷心情，以及自我超脱的愿望。

这篇赋以“有声之秋”与“无声之秋”的对比作为基本结构框架，精心布局，文势一气贯串而又曲折变化，作者从凄切悲凉的秋声起笔，为下文铺写“有声之秋”

蓄势;然后由草木经秋而摧败零落,写到因人事忧劳而使身心受到戕残,由自然界转到社会人生,这是"无声之秋";最后归结出全篇主旨:"念谁为之戕贼,亦何恨乎秋声!"

文章用第一人称的笔法来写。文章开头,作者简捷直入地描画出一幅生动的图景:灯下夜读,是一幅静态的图画,也可以说,作者正处于一种凝神的状态中。这样由伏到起,在动静的对比中,文势便蓄成了,有了这种文势,下面的文章便仿佛是泉水涌出,自然流泻。同时这种从静到动、令人悚惊的秋夜奇声,营造了一种悲凉气氛。写景、抒情、记事、议论融为一体,浑然天成也是本赋的一大特征。另外作者叙事简括有法,而议论迂徐有致,章法曲折变化,而语句圆融轻快;情感节制内敛,语气轻重和谐;节奏有张有弛,语言清丽而富于韵律。

此赋写秋以立意新颖著称,从题材上讲,悲秋是中国古典文学的永恒题材,但作者选择从新的角度入手,虽然承袭了写秋天肃杀萧条的传统,却烘托出人事忧劳更甚于秋的肃杀这一主题,这就使文章在立意上有所创新。

哲思篇

只有恒心可以使你达到目的
只有博学可以使你明辨世事
真理常常隐藏在事物的深底

——席勒

老子(节选)

老 子

三十三章

知人者智,自知者明。胜人者有力,自胜者强。知足者富,强行者有志。不失其所者久,死而不亡者寿。

译文:能了解他人的人聪明,能了解自己的人明智。能战胜别人的人是有力量的,能战胜自己的人更加强大而不可战胜。知道满足的人才是富有的人,坚持力行的人有志向。不丧失本分的人就能长久,身虽死而"道"犹存的人,才算真正的长寿。

六十三章

为无为,事无事,味无味。大小多少,报怨以德。图难于其易,为大于其细。天下难事,必作于易;天下大事,必作于细。是以圣人终不为大,故能成其大。夫轻诺必寡信,多易必多难。是以圣人犹难之,故终无难矣。

译文:以无为的态度去有所作为,以不滋事的方法去处理事物,以恬淡无味当作有味。大生于小,多起于少。处理问题要从容易的地方入手,实现远大要从细微的地方入手。天下的难事,一定从简易的地方做起;天下的大事,一定从微细的部分开端。因此,有"道"的圣人始终不贪图大贡献,所以才能做成大事。那些轻易发出诺言的,必定很少能够兑现的,把事情看得太容易,势必遭受很多困难。因此,有道的圣人总是看重困难,所以就终于没有困难了。

八十一章

信言不美,美言不信。善者不辩,辩者不善。知者不博,博者不知。圣人不积,既以为人己愈有，既以与人己愈多。天之道利而不害，圣人之道为而不争。

译文：诚实的话不漂亮，漂亮的话不真实。善良的人会辩解，巧说的人不善良。有智慧的人并不是无所不知，什么都知道的人并不智慧。圣人从不吝啬，而是尽力帮助别人，他自己也更为充足．他尽力给予别人，自己反而更加丰富。上天的准则是，施利与万物却不伤害它们。圣人的准则是，帮助，给予他人却不与他们竞争。

指点迷津

老子，原名李耳，又称老聃，字伯阳，楚国苦县（今鹿邑县）人，约生活于前571年至471年之间。是我国古代伟大的哲学家和思想家、道家学派创始人，被唐朝帝王追认为李姓始祖，世界百位历史名人之一，著有《道德经》，其作品的精华是朴素的辩证法，主张无为而治，其学说对中国哲学发展具有深刻影响。

《道德经》，又称《道德真经》《老子》《五千言》《老子五千文》，是中国古代经典著作，为其时诸子所共仰，是道家哲学思想的重要来源。道德经分上下两篇，原文上篇《德经》、下篇《道经》，不分章，后分为81章。是中国历史上首部完整的哲学著作。

第三十三章讲个人修养与自我设计的问题，主张人们要丰富自己精神生活。在老子看来，知人、胜人十分重要，但是自知、自胜更加重要。他认为，一个人倘若能省视自己、坚定自己的生活信念，并且切实推行，就能够保持旺盛的生命力和饱满的精神风貌。

第六十三章旨在阐发“无为而无不为”的道理，也可以说是一种处世哲学。老子讲“为无为，事无事，味无味”的道理，反对以烦琐的禁令去捆住人民的手脚限制和扰乱百姓的生活，要想有所作为，就必须采取顺应自然的态度，必须以平静的思想和行为对待生活。他提醒人们注意，做任何事情都是从小到大，由少到多，由易到难的。

第八十一章，老子将“为”和“不争”区别开来，将自己的一切无私地给予他人。圣人正是在这种意义上实现“不争”。应当说，“为”就包含着“斗争”的意思，但圣人的这种“斗”，都是为了无私奉献于他人，特别是人民。所以他“不争”的是个人的名利地位。

孔夫子的箴言

〔德国〕席勒

(一)

时间的步伐有三种：
未来姗姗而来迟，
现在像箭一样飞逝，
过去永远静立不动。
当它缓行时，任怎样急躁，
也不能使他的步伐加速。
当它飞逝时，任怎样恐惧犹疑，
也不能使它的行程受阻。
任何后悔，任何魔术，
也不能使静止的移动一步。
你若要做一个聪明而幸福的人，
走完你的生命路程，
你要对未来深谋远虑，
不要做你的行动的工具。
不要把飞逝的现在当作友人，
不要把静止的过去当作仇人。

(二)

空间的测量有三种：
它的长度绵延无穷，

永无间断；
它的宽度辽阔万里，
没有尽处；
它的深度深陷无底。
它给你一种象征，
你要看到事业垂成，
必须努力向前，不可休息，
决不可因疲乏而静止。
你要认清全面的世界，
必须广开你的世界。
你要认清事物的本质，
必须审问追究到底。
只有恒心可以使你达到目的，
只有博学可以使你明辨世事，
真理常常藏在事物的深底。

指点迷津

约翰·克里斯托弗·弗里德里希·冯·席勒(1759—1805)，通常被称为弗里德里希·席勒，德国18世纪著名诗人、作家、哲学家、历史学家和剧作家，德国启蒙文学的代表人物之一。席勒是德国文学史上著名的“狂飙突进运动”的代表人物，也被公认为德国文学史上地位仅次于歌德的伟大作家。

席勒对孔子的思想格外关注，非常喜爱研读孔子的《论语》。1795年和1799年，他先后写下了两首《孔夫子的箴言》，托孔子之名，阐述自己的人生哲学和时空观，也因此被称为德国的“孔子”。

这首《孔夫子的箴言》极富哲理性，全诗运用逻辑思维，说出了诗人对世界和人生的冷静的思考，即诗人对于时间和空间的认识，由此让我们感受到了诗人强烈的进取精神。从这首诗里我们可以看到《论语》的影子，如“当它缓行时……行程受阻”出自《论语·子罕》：“子在川上曰：逝者如斯夫，不舍昼夜。”又如“必须审问追究到底”出自《论语·公冶长》中的“敏而好学，不耻下问”等等。

论 称 誉

〔英国〕培根

称誉是才德的反映,但是它像镜子或其他映影的东西一样。如果它是从俗人来的,那它就多半是虚假而无价值的,并且是随着妄人而不随有德之士的。因为流俗之人是不懂得许多出类拔萃的美德的。最低级的才德能赢得他们的称誉;中等的才德能在他们心里引起惊讶或艳羡,但是对于最上的才德他们就没有识别的能力了。唯有表面上的表现和假冒的才德乃是最受他们欢迎的。

称誉的确好像一条河,能载轻浮中空之物而淹没沉重坚实之物。但是假如有地位和有见识的人同声称誉某人,则有如《圣经》所谓"美名有如香膏"。它的香气播满四周而且不易消逝。盖香膏的香气比花卉的香气耐久也。

可以恭维人的假原因太多了,所以一个人怀疑人家的称誉是有理由的。有一种称誉只是出自谄谀;要是说话的人是一个普通的谄谀者,那么他就会有几种普通的套话,对于谁都可以用;要是他是一个奸猾的谄谀者,那么他就会模仿"谄谀者之王"的——那就是一个人的自我;一个人自以为最长于某事,或最富于某种美德,那奸猾的谄谀者就会在这些地方竭力赞成他;但是假如他是一个大胆的谄谀者,他就会找出一个人自己感觉最缺陷的地方,自己深以为耻的地方,而坚持说他在这些地方很有长处。

有些称誉是出自善意与尊敬心的,这种称誉是我们对于帝王或大人物们应有的礼仪,这就是"以称誉为教训";就是对某些人说他们是如何如何的时候,实际就是告诉他们应当如何如何也。有些人受称誉其实是被人恶意中伤,为的是好引起别人对他们的嫉妒心;"最恶的仇敌就是那些恭维你的仇敌";所以希腊人有句成语:"被人恶意恭维的人鼻子上要长小疮",就好像我们的成语所谓"说谎的人舌头上要长水泡"一样。中节的称誉,用之得时,而且不俗的,确是能有好处的。

所罗门说:"清晨起来,大声称赞朋友的人,就等于是诅咒那个朋友。"把人和事过于夸大,必要激起反对,得到嫉妒和轻蔑。至于一个人自夸自赞,除了在很少见的情形之中,是不能成立的。但如果是自己的官职或职业,则可以漂亮地并带点自豪而为之。至于一个人自夸自赞,除了在很少见的情形之中,是不能成为合理的;但如果是自己称扬自己的职务职业,则可以漂亮地并且带点豪气而为之。圣保罗在自夸的时候,常常加上一句"我说句狂话";但是在说到他职务的时候,他就说"我要荣耀我的职分"。

指点迷津

本文对称誉作了透辟的分析,闪烁着睿智和哲理的光辉。精彩而出人意表的剪接随处可见,如俗人多半处于虚情假意,对于真正高尚的才德,他们根本不能识别。这就告诉人们,不要为美妙动听的赞誉所陶醉,必须辨别一下何人称誉自己的何种才德。因为有些人称赞的并非什么真正的令才美德。

对乖男孩、乖女孩的忠告

〔美国〕马克・吐温

对乖男孩的忠告
1865 年 6 月 3 日

千万别拿走不属于你的东西——如果你拿不动的话。

如果你不顾后果，在另一个男孩的座位上放一枚图钉，那么他坐下时，你可千万别笑——除非你“忍不住”。

在说老实话也能奏效时，千万不可以说谎。事实上，真正的乖男孩不说谎——除非在万不得已的情况下。

知道自己要挨揍时，在衬衫下面垫一张羊皮是不对的。最好赶紧躲到一个秘密的地方，为自己所做的坏事哭泣，直哭到暴风雨过去为止。

决不可以做了坏事，然后嫁祸于弟弟，因为嫁祸于别的男孩同样易如反掌。

决不可以把年迈的爷爷叫做“老怪物”——除非你特别想逗人发笑。

决不可以用棍子将小妹妹打翻在地。最好用一只猫，因为猫很柔软。做这件事时，你一定要小心地抓住猫的尾巴，这样，猫就不能抓伤你了。

对乖女孩的忠告
1865 年 6 月 24 日

乖女孩不应该一遇到小小的不愉快，就朝老师做鬼脸。这样的报复行为只有在十分恼火的情况下才能采用。

假如你只有一个塞满木屑的破布玩具娃娃，你的小伙伴却幸运地有一个昂贵的瓷器娃娃，你仍然要一脸和气地对待她。而且，你切忌强行与她交换娃娃，除非你觉得这么做问心无愧，并且知道自己是办得到的。

你决不应该强行抢走小弟弟的口香糖——最好骗他上当,答应他用你发现的顺河漂下的石磨上的第一笔两元五毛钱与他换。凭他小小年纪所具有的天真和单纯,他会以为这是一笔绝对公平的交易。在这个世界的所有岁月里,这句世人皆知、编造出来的鬼话,已经将愚钝的、乳臭未干的小子骗得钱财空空。

假如你发现一定要纠正弟弟的错误,不要凶神恶煞般地去纠正——无论如何不可中伤弟弟,因为那会损坏他的形象。最好用少许开水烫他一下,那么,你就能得到两个称心如意的结果——你让他立即注意到你是诲人不倦的,同时你的开水也许会清除他身上的杂质——而且也可能去除皮肤,一块一块的。

假如妈妈叫你做事,回嘴说不做是错的。

最好先恰如其分地宣布你会听从她的吩咐,然后根据自己的判断悄悄行事。

你应该牢记心头:多亏了慈祥的父母,你才有了饮食,才有了舒适的被褥,才有了美丽的服饰,才有了装病不上学呆在家里的特权。因此,你应该尊重他们小小的偏见,迁就他们小小的怪念,容忍他们小小的缺点,除非他们逼得你太凶。

乖女孩应永远明确无误地尊重老年人。

你决不可以与老年人"顶嘴"——

除非他们先与你"顶嘴"。

指点迷津

马克·吐温(1835—1910),美国作家、演说家,马克·吐温是他的笔名,代表作品有小说《百万英镑》《哈克贝利·费恩历险记》《汤姆·索亚历险记》等。

作为文学大师,作者用幽默诙谐的语言,给男孩和女孩们提出了做人的"忠告"。像大人对待孩子一样提出要求,但是我们又可以发现他是调皮捣蛋的孩子们的同盟者,处处为你着想,给你支招,为你编造更好的理由和谎言。他把孩子们的把戏和伎俩看得一清二楚,站在孩子们的立场,表达了对那些大人们要求的道德规范和为人处世标准的蔑视。

孩子们有自己的世界,如果什么事情都按照成人的标准来要求孩子,那么,孩子们或许会失去天真,变得虚伪,乃至失去创造力……

沉 默

朱自清

沉默是一种处世哲学,用得好时,又是一种艺术。

谁都知道口是用来吃饭的,有人却说是用来接吻的。我说满没有错儿;但是若统计起来,口的最多的(也许不是最大的)用处,还应该是说话,我相信。按照时下流行的议论,说话大约也算是一种“宣传”,自我的宣传。所以说话彻头彻尾是为自己的事。若有人一口咬定是为别人,凭了种种神圣的名字;我却也愿意让步,请许我这样说:说话有时的确只是间接地为自己,而直接的算是为别人!

自己以外有别人,所以要说话;别人也有别人的自己,所以又要少说话或不说话。于是乎我们要懂得沉默。你若念过鲁迅先生的《祝福》,一定会立刻明白我的意思。

一般人见生人时,大抵会沉默的,但也有不少例外。常在火车轮船里,看见有些人迫不及待似地到处向人问讯,攀谈,无论那是搭客或茶房,我只有羡慕这些人的健康;因为在中国这样旅行中,竟会不感觉一点儿疲倦!见生人的沉默,大约由于原始的恐惧,但是似乎也还有别的。假如这个生人的名字,你全然不熟悉,你所能做的工作,自然只是有意或无意的防御——像防御一个敌人。沉默便是最安全的防御战略。你不一定要他知道你,更不想让他发现你的可笑的地方——一个人总有些可笑的地方不是?——;你只让他尽量说他所要说的,若他是个爱说的人。末了你恭恭敬敬和他分别。假如这个生人,你愿意和他做朋友,你也还是得沉默。但是得留心听他的话,选出几处,加以简短的,相当的赞词;至少也得表示相当的同意。这就是知己的开场,或说起码的知己也可。假如这个人是你所敬仰的或未必敬仰的“大人物”,你记住,更不可不沉默!大人物的言语,乃至脸色眼光,都有异样的地方;你最好远远地坐着,让那些勇敢的同伴上前线去。——自然,我说的只是你偶然地遇着或随众访问大人物的时候。若你愿意专诚拜谒,你得另想办法;在我,那却是一件可怕的事。——你看看大人物与非大人物或大人物与大人物间谈话的情形,准可以满足,而不用从牙缝里迸出一个字。说话是一件费神的事,能少说或不说以及应少说或不说的时候,沉默实在是长寿之一道。至于自我宣传,诚哉重要——谁能不承认这是重要呢?——但对于生人,这是白费的;他不会领略你宣传的旨趣,只暗笑你的宣传热;他会忘记得干干净净,在和你一鞠躬或一握手以后。

朋友和生人不同,就在他们能听也肯听你的说话——宣传。这不用说是交换的,但是就是交换的也好。他们在不同的程度下了解你,谅解你;他们对于你有了相当的趣味和礼貌。你的话满足他们的好奇心,他们就趣味地听着;你的话严重或悲哀,他们因为礼貌的缘故,也能暂时跟着你严重或悲哀。在后一种情形里,满足的是你;他们所真感到的怕倒是矜持的气氛。他们知道"应该"怎样做;这其实是一种牺牲,"应该"也"值得"感谢的。但是即使在知己的朋友面前,你的话也还不应该说得太多;同样的故事,情感,和警句,隽语,也不宜重复的说。《祝福》就是一个好榜样。你应该相当的节制自己,不可妄想你的话占领朋友们整个的心——你自己的心,也不会让别人完全占领呀。你更应该知道怎样藏匿你自己。只有不可知,不可得的,才有人去追求;你若将所有的尽给了别人,你对于别人,对于世界,将没有丝毫意义,正和医学生实习解剖时用过的尸体一样。那时是不可思议的孤独,你将不能支持自己,而倾仆到无底的黑暗里去。一个情人常喜欢说:"我愿意将所有的都献给你!"谁真知道他或她所有的是些什么呢?第一个说这句话的人,只是表示自己的慷慨,至多也只是表示一种理想;以后跟着说的,更只是"口头禅"而已。所以朋友间,甚至恋人间,沉默还是不可少的。你的话应该像黑夜的星星,不应该像除夕的爆竹——谁稀罕那彻宵的爆竹呢?而沉默有时更有诗意。譬如在下午,在黄昏,在深夜,在大而静的屋子里,短时的沉默,也许远胜于连续不断的倦怠了的谈话。有人称这种境界为"无言之美",你瞧,多漂亮的名字!——至于所谓"拈花微笑",那更了不起了!

可是沉默也有不行的时候。人多时你容易沉默下去,一主一客时,就不准行。你的过分沉默,也许把你的生客惹恼了,赶跑了!倘使你愿意赶他,当然很好;倘使你不愿意呢,你就得不时的让他喝茶,抽烟,看画片,读报,听话匣子,偶然也和他谈谈天气,时局——只是复述报纸的记载,加上几个不能解决的疑问——,总以引他说话为度。于是你点点头,哼哼鼻子,时而叹叹气,听着。他说完了,你再给起个头,照样的听着。但是我的朋友遇见过一个生客,他是一位准大人物,因某种礼貌关系去看我的朋友。他坐下时,将两手笼起,搁在桌上。说了几句话,就止住了,两眼炯炯地直看着我的朋友。我的朋友窘极,好容易陆陆续续地找出一句半句话来敷衍。这自然也是沉默的一种用法,是上司对属僚保持威严用的。用在一般交际里,未免太露骨了;而在上述的情形中,不为主人留一些余地,更属无礼。大人物以及准大人物之可怕,正在此等处。至于应付的方法,其实倒也有,那还是沉默;只消照样笼了手,和他对看起来,他大约也就无可奈何了罢?

指点迷津

“君子讷于言而敏于行”,这是古代先贤对于处世哲学的思考,而本文从沉默的处世哲学展开思考,作者推崇的是一种沉默的处世之道。因为“沉默”是最安全的防御战略,是一种“无言之美”,是一种远离浮躁,真诚坦荡的胸怀。

忆马克思(节选)

〔法国〕拉法格

许多年来我总是陪他在汉普斯泰特荒阜上作晚间散步,就是在沿着草地散步的时候我从他那里得到了经济学的知识,他自己也许还不觉得就把《资本论》第一卷的全部内容,随着他当时写的情节,一步一步地解释给我听了。每一次回到家里,我就尽我的能力把刚才听到的东西记录下来,最初,对马克思那深邃广阔的思路,我简直难以跟上。可惜我把这些珍贵的札记都丢失了。因为在巴黎公社以后,我存在巴黎和波尔多的文件都被警察抢去烧毁了。

我特别惋惜的是失去了有一天晚上所做的笔记。在那天晚上,马克思以他特有的渊博的见解向我讲解了他的人类社会发展的辉煌理论。就像在我眼前揭开了一道帷幕一样,我生平第一次清楚地看到了世界历史的逻辑,在社会发展和思想发展表面上如此矛盾的现象中,找到了它们的物质原因。这一切使我非常惊讶,好几年后这一印象还留在我的脑海中。当我尽我微薄的能力向马德里的社会主义者们讲解这理论的时候,他们也有同样的印象。这是马克思理论中最伟大的理论,而且毫无疑义,《资本论》向我们展示了一颗最有魄力和学识丰富的心灵。但在我看来,也像一切熟知马克思的人看来一样,无论《资本论》或是他的其他任何著作,都不能把他的天才和学识的渊博完全表现出来。他耸然高出于他的著作之上。

我和马克思一起工作过。我只不过在他口述时作书记而已,但这给了我一个观察他怎样思索和怎样写作的机会。对于他,工作是容易的同时又是困难的。其所以容易,因为不管碰到什么题目,非常丰富的有关的事实和见解立刻就涌上他的脑海;但正是由于这些丰富的事实和见解,使得完满表现他的思想成为困难的事情,需要很长的时间。维科曾经说:“事物只有对全知的上帝才是一种实体;对于只能看到外部的人,事物只是一种表面现象。”马克思对事物的本质就是按维科的上帝那种方式来理解的。

马克思理解事物的本质。他不仅看到事物的表面,而且看到事物的深处,在相互作用中和相互反作用中来考察一切组成部分。他分析每一个组成部分并探索它的发展历史。然后他就由事物转而考察它的环境,观察两者之间的相互作用。接着,他又回头去探讨所研究的事物的起源、变化、进化以及它所完成的革命,最后进而探究它的最为深远的作用。他所看到的并不是个别的离开环境的自在之物,而是一个错综复杂的、不断运动的世界。马克思想在形形色色和千变万化的作用和反作用中,阐明这个世界的整个生命。

马克思兼有一个天才思想家必须具有的两种品质。他能巧妙地把一种事物分解为它的各个组成部分,然后再综合起来,描述它的全部细节和各种不同的发展形式,发现它的内在联系。他的论文方法不是抽象的,只有某些不能思索的经济学家才那样非难他。他的方法不是几何学家的方法,几何学家在从周围世界抽出自己的定义之后,就完全脱离现实基础演绎出结论。我们在《资本论》中找不到一个孤立的定义或公式,我们所看到的是对现实的一系列高度精密的分析,这些分析把最细微的差异和最小的区别都表达出来了。

马克思从确定下述这个明显的事实开始:资本主义生产方式占统治地位的社会的财富,乃是一个庞大的商品堆积;因此商品(它是具体的东西而不是数学上的抽象)就是资本主义财富的元素、细胞。马克思紧紧抓住了商品这个东西,从各方面来观察,甚至翻过来倒过去地看,把其中的秘密一个一个地揭开。这些秘密是御用经济学者根本猜想不到的,但这些秘密却比天主教的神秘更加繁多、更加深奥。从各方面研究了商品之后,他就进而考察在交换中一种商品与另一种商品的关系,然后转而研究商品的生产以及商品生产发展的历史条件。他在考察商品存在的各种形态时,表明商品怎样从一种形态转为另一种形态,一种形态又怎样必然地产生另一种形态。现象发展的逻辑过程表现得那样巧妙和完善,以致人们以为这是马克思自己臆想出来的;但它却是从现实中抽出来的,而且是商品的真正辩证法的再现。

指点迷津

拉法格(1842—1911),法国工人党创始人之一。主要著作有《卡尔·马克思的经济决定论》《回忆马克思》等。

这篇选文是马克思的学生和女婿拉法格亲自聆听马克思讲解这些理论的经过和感想。马克思的这两个发现具有划时代的伟大意义,这些发现使作者“惊讶”。

作者和马克思一起工作过,关系密切,有机会深入了解马克思是如何思考问题的。他能透过形形色色、千变万化的现象而理解事物的本质,有着天才的思想家必须具备的品质,巧妙地运用“分解”“综合”,发现事物的内在联系。更重要的是,作者指出马克思演绎出的伟大理论都来自于实践。

这篇选文以十分亲切的笔调,刻画了一个具有非凡思考力的伟大天才思想家的哲思来源,为我们学会思考提供了宝贵的借鉴。

四季篇

天时人事日相催,冬至阳生春又来。

——杜甫

和晋陵陆丞早春游望

杜审言

独有宦游人，偏惊物候新。
云霞出海曙，梅柳渡江春。
淑气催黄鸟，晴光转绿蘋。
忽闻歌古调，归思欲沾巾。

指点迷津

注释

(1)和：指用诗应答。晋陵：现江苏省常州市。

(2)宦游人：离家做官的人。

(3)物候：指自然界的气象和季节变化。

(4)淑气：和暖的天气。

(5)绿蘋(pín)：浮萍。

(6)古调：指陆丞写的诗，即题目中的《早春游望》。

(7)巾：一作"襟"。

杜审言(约645—708)，字必简，是大诗人杜甫的祖父，唐高宗咸亨年间进士。少与李峤、崔融、苏味道齐名，称"文章四友"，是唐代"近体诗"的奠基人之一，作品多朴素自然。其五言律诗，格律谨严。

这是一首和诗，作者是用原唱同题抒发自己宦游江南的感慨和归思。江南早春天气，和朋友一起游览风景，本是赏心乐事，但诗人却像王粲登楼那样，"虽信美而非吾土"，不如归去。所以这首和诗写得别有情致，惊新而不快，赏心而不乐，感受新鲜而思绪凄清，景色优美而情调淡然，甚至于伤感，有满腹牢骚在言外。

这首诗造语警策,体例上韵脚分明,平仄和谐,对仗工整,已是成熟的律诗作品。结构上,首联一个意群,领联颈联一个意群,尾联又一个意群,并且首尾呼应、中间展开。这种行文方式是初唐律诗乃至此后的唐律中常用的格式。因此,这首诗可谓初唐时期完成近体诗体式定格的奠基之作,具有开源辟流的意义。

咏 柳

贺知章

碧玉妆成一树高，万条垂下绿丝绦。
不知细叶谁裁出，二月春风似剪刀。

指点迷津

注释

(1)碧玉：碧绿色的玉。这里用以比喻春天嫩绿的柳叶。

(2)妆：装饰，打扮。

(3)一树：满树。一：满，全。在中国古典词和文章中，数量词在使用中并不一定表示确切的数量。下一句的“万”，就是表示很多的意思。

(4)绦(tāo)：用丝编成的绳带。这里指像丝带一样的柳条。

贺知章(约659—744)，字季真，晚年自号四明狂客，唐代著名诗人、书法家。少时就以诗文知名。武则天证圣元年(695年)中乙未科状元，授予国子四门博士，迁太常博士。后历任礼部侍郎、秘书监、太子宾客等职。为人旷达不羁，有“清谈风流”之誉，晚年尤纵，自号“四明狂客”“秘书外监”，属于盛唐前期诗人，又是著名书法家。与张若虚、张旭、包融并称“吴中四士”。贺知章诗文以绝句见长，除祭神乐章、应制诗外，其写景、抒怀之作风格独特，清新潇洒，著名的《咏柳》《回乡偶书》脍炙人口，千古传诵，作品大多散佚，今尚存录入《全唐诗》共19首。

本文是一首咏物诗，通过赞美柳树，表达了诗人对春天的无限热爱。诗的前三句都是描写柳树的：首句“碧玉妆成一树高”是写整体，说高高的柳树像是碧玉妆饰成。用“碧玉”形容柳树的翠绿晶莹，突出它的颜色美；第二句“万条垂下绿丝绦”是写柳枝，说下垂披拂的柳枝犹如丝带万千条，突出它的轻柔美；第三句“不知细叶谁裁出”是写柳叶,突出柳叶精巧细致的形态美。三句诗分写柳树的各部位,句句有特点。而第三句又与第四句构成一个设问句,这样一问一答,就由柳树巧妙地过渡到春风。说裁出这些细巧的柳叶,当然也能裁出嫩绿鲜红的花花草草。它是自然活力的象征,是春的创造力的象征。这首诗就是通过赞美柳树,进而赞美春天,讴歌春的无限创造力。

惠崇春江晓景

苏 轼

竹外桃花三两枝，春江水暖鸭先知。
蒌蒿满地芦芽短，正是河豚欲上时。

指点迷津

注释

(1)惠崇(亦为慧崇)：福建建阳僧，宋初九僧之一，能诗能画。《春江晚景》是惠崇所作画名。

(2)蒌蒿：草名，有青蒿、白蒿等种。《诗经》"呦呦鹿鸣，食野之蒿。"

(3)芦芽：芦苇的幼芽，可食用。

苏轼(1037—1101)，北宋文学家、书画家、美食家。字子瞻，号东坡居士。一生仕途坎坷，学识渊博，天资极高，诗文书画皆精。其文汪洋恣肆，明白畅达，与欧阳修并称欧苏，为"唐宋八大家"之一；诗清新豪健，善用夸张比喻，艺术表现独具风格，与黄庭坚并称苏黄；词开豪放一派，对后世有巨大影响，与辛弃疾并称苏辛；书法擅长行书、楷书，能自创新意，用笔丰腴跌宕，有天真烂漫之趣，与黄庭坚、米芾、蔡襄并称宋四家；画学文同，论画主张神似，提倡"士人画"。著有《苏东坡全集》和《东坡乐府》等。

惠崇是个和尚，宋代画家。这首诗是苏轼题在惠崇所画的《春江晚景》上的。惠崇原画已失，这首诗有的版本题作《春江晚景》，现已无从考证。

画以鲜明的形象，给人以具体的视觉感受，但它只能表现一个特定的画面，有一定的局限性。而一首好诗，虽无可视的图像，却能用形象的语言，吸引读者进入一个通过诗人独特构思而形成的美的意境，以弥补某些画面所不能表现的东西。

快乐阅读

这首题画诗既保留了画面的形象美，也发挥了诗的长处。诗人用他饶有风味、虚实相间的笔墨，将原画所描绘的春色展现得那样令人神往。在根据画面进行描写的同时，苏轼又有新的构思，从而使得画中的优美形象更富有诗的感情和引人入胜的意境。

游园不值

叶绍翁

应怜屐齿印苍苔，小扣柴扉久不开。
春色满园关不住，一枝红杏出墙来。

指点迷津

注释

(1)游园不值：想游园没能进门。值，遇到；不值，没得到机会。

(2)应怜：大概是感到心疼。应，表示猜测；怜，怜惜。屐(jī)齿：屐是木鞋，鞋底前后都有高跟，叫屐齿。

(3)小扣：轻轻地敲门。柴扉(fēi)：用木柴、树枝编成的门。

叶绍翁，南宋中期诗人，字嗣宗，号靖逸，长期隐居钱塘西湖之滨，与真德秀交往甚密，与葛天民互相酬唱。

《游园不值》这首七言绝句，描写了作者游园不成，却看到杏枝出墙的动人情景。诗中不但表现了春天有着不能压抑的生机，而且流露出作者对春天的喜爱之情，描写出田园风光的幽静安逸、舒适惬意。这首诗还告诉我们一个道理：一切美好、充满生命的新鲜事物，必须按照客观规律发展，任何外力都无法阻挡。

此诗所写的大致是江南二月，正值云淡风轻、阳光明媚的时节。诗人乘兴来到一座小小花园的门前，想看看园里的花木。他轻轻敲了几下柴门，没有反响；又敲了几下，还是没人应声。诗人猜想，大概是怕园里的满地青苔被人践踏，所以闭门谢客的。诗人在花园外面寻思着，徘徊着，很是扫兴。他在无可奈何、正准备离去时，抬头之间，忽见墙上一枝盛开的红杏花探出头来。“春色满园关不住，一枝红杏出墙来。”诗人从一枝盛开的红杏花，领略到满园热闹的春色，感受到满天绚丽的春光，总算是不虚此行了。

春底林野

许地山

春光在万山环抱里，更是泄露得迟。那里底桃花还是开着；漫游的薄云从这峰飞过那蜂，有时稍停一会，为的是挡住太阳，教地面底花草在它底荫下避避光焰底威吓。

岩下底荫处和山溪底旁边满长了薇蕨和其它凤尾草。红、黄、蓝、紫的小草花点缀在绿茵上头。

天中底云雀，林中底金莺。都鼓起它们底舌簧。轻风把它们底声音挤成一片，分送培山中各样有耳无耳的生物。桃花听得入神，禁不住落了几点粉泪，一片一片凝在地上。小草花听得大醉，也和着声音底节拍一会倒，一会起，没有镇定的时候。

林下一班孩子正在那里捡桃花底落瓣哪。他们捡着，清儿忽嚷起来，道："嗄，邕邕来了！"众孩子住了手，都向桃林底尽头盼望。果然邕邕也在那里摘草花。

清儿道："我们今天可要试试阿桐底本领了。若是他能办得到，我们都把花瓣穿成一串璎珞围在地身上，封他为大哥如何？"

众人都答应了。

阿桐走到邕邕面前，道："我们正等着你来呢。"

阿桐底左手盘在邕邕底脖上，一面走一面说："今天他们要替你办嫁妆，教你做我底妻子。你能做我底妻子么？"

邕邕狠视了阿桐一下，回头用手推开他，不许他底手再搭在自己脖上。孩子们都笑得支持不住了。

众孩子嚷道。"我们见过邕邕用手推人了！阿桐赢了！"

邕邕从来不会拒绝人，阿桐怎能知道一说那话，就能使她动手呢？是春光底荡漾，把他这种心思泛出来呢？或者，天地之心就是这样呢？

你且看：漫游的薄云还是从这峰飞过那峰。

你且听:云雀和金莺底歌声还布满了空中和林中。在这万山环抱的桃林中,除那班爱闹的孩子以外,万物把春光领略得心眼都迷蒙了。

指点迷津

许地山(1894—1941),名赞堃,字地山,笔名落华生,中国现代著名小说家、散文家,五四时期新文学运动先驱者之一,在梵文、宗教方面亦有研究成果。一生创作的文学作品多以闽、台、粤和东南亚、印度为背景,主要著作有《危巢坠简》《空山灵雨》《道教史》《达衷集》《印度文学》,译著有《二十夜问》《太阳的下降》《孟加拉民间故事》等。

春天是生命勃发的季节,对于一切生物,不论是植物还是动物,到了春天,都会感觉到生命意志得到空前生长和发育。生命力是与生俱来的,繁衍力是生命力的集中表现。阿桐与邕邕等一群天真烂漫、活泼可爱的孩子,虽然都还没到青春期,但不等于"春天"的季节对孩子们身心的影响就不明显。

这篇文章与一般描写春天文章的最大不同点在于,描写了春天林野里的一群戏玩的儿童。春光下的人,孩子们的活动,增添了春天的欢乐气氛,使景物活起来了,写出了春光的迷人,以及在这迷人的春光下活泼天真的孩子们的心灵,因为只有人,才是最美丽的风景。

窗外的春光

庐　隐

几天不曾见太阳的影子,沉闷包围了她的心。今早从梦中醒来,睁开眼,一线耀眼的阳光已映射在她红色的壁上,连忙披衣起来,走到窗前,把洒着花影的素幔拉开。前几天种的素心兰,已经开了几朵,淡绿色的瓣儿,衬了一颗朱红色的花心,风致真特别,即所谓"冰洁花丛艳小莲,红心一缕更嫣然"了。同时一股沁人心脾的幽香,喷鼻醒脑,平板的周遭,立刻涌起波动,春神的薄翼,似乎已扇动了全世界凝滞的灵魂。

说不出是喜悦,还是惆怅,但是一颗心灵涨得满满的,——莫非是满园春色关不住,——不,这连她自己都不能相信;然而仅仅是为了一些过去的眷恋,而使这颗心不能安定吧!本来人生如梦,在她过去的生活中,有多少梦影已经模糊了,就是从前曾使她惆怅过,甚至于流泪的那种情绪,现在也差不多消逝净尽,就是不曾消逝的而在她心头的意义上,也已经变了色调,那就是说从前以为严重了不得的事,现在看来,也许仅仅只是一些幼稚的可笑罢了!

兰花的清香,又是一阵浓厚的包袭过来,几只蜜蜂嗡嗡的在花旁兜的圈子,她深切的意识到,窗外已充满了春光;同时二十年前的一个梦影,从那深埋的心底复活了:

一个仅仅十零岁的孩子,为了脾气的古怪,不被家人们的了解,于是把她送到一所囚牢似的教会学校去寄宿。那学校的校长是美国人,——一个五十岁的老处女,对于孩子们管得异常严厉,整月整年不许孩子走出那所筑建庄严的楼房外去。四围的环境又是异样的枯燥,院子是一片沙土地;在角落里时时可以发现被孩子们踏陷的深坑,坑里纵横着人体的骨骼,没有树也没有花,所以也永远听不见鸟儿的歌曲。

春风有时也许可怜孩子们的寂寞吧!在那洒过春雨的土地上,吹出一些青草来——有一种名叫“辣辣棍棍”的，那草根有些甜辣的味儿，孩子们常常伏在地上，寻找这种草根，放在口里细细的嚼咀；这可算是春给她们特别的恩惠了！

那个孤零的孩子，处在这种阴森冷漠的环境里，更是倔强，没有朋友，在她那小小的心灵中，虽然还不曾认识什么是世界；也不会给这个世界一个估价，不过她总觉得自己所处的这个世界，是有些乏味；她追求另一个世界。在一个春风吹得最起劲的时候，她的心也燃烧着更热烈的希冀。但是这所囚牢似的学校，那一对黑漆的大门仍然严严的关着，就连从门缝看看外面的世界，也只是一个梦想。于是在下课后，她独自跑到地窖里去，那是一个更森严可怕的地方，四围是石板作的墙，房顶也是冷冰冰的大石板，走进去便有一股冷气袭上来，可是在她的心里.总觉得比那死气沉沉的校舍，多少有些神秘性吧。最能引诱她当然还是那儿扇矮小的窗子，因为窗子外就是一座花园。这一天她忽然看见窗前一丛蝴蝶兰和金钟罩，已经盛开了，这算给了她一个大诱惑，自从发现了这窗外的春光后，这个孤零的孩子，在她生命上，也开了一朵光明的花，她每天一只猫儿般，只要有工夫，便蜷伏在那地窖的窗子上，默然的幻想着窗外神秘的世界。

她没有哲学家那种富有根据的想象，也没有科学家那种理智的头脑，她小小的心，只是被一种天所赋与的热情紧咬着。她觉得自己所坐着的这个地窖，就是所谓人间吧——一切都是冷硬淡漠，而那窗子外的世界却不一样了。那里一切都是美丽的，和谐的，自由的吧！她欣羡着那外面的神秘世界，于是那小小的灵魂，每每跟着春风，一同飞翔了。她觉得自己变成一只蝴蝶，在那盛开着美丽的花丛中翱翔着，有时她觉得自己是一只小鸟，直扑天空，伏在柔软的白云间甜睡着。她整日支着颐不动不响的尽量陶醉，直到夕阳逃到山背后，大地垂下黑幕时，她才怏怏的离开那灵魂的休憩地，回到陌生的校舍里去。

她每日每日照例的到地窖里来，——一直过完了整个的春天。忽然她看见蝴蝶兰残了，金钟罩也倒了头，只剩下一丛深碧的叶子，苍茂的在薰风里撼动着，那时她竟莫明其妙的流下眼泪来。这孩子真古怪得可以，十零岁的孩子前途正远大着呢，这春老花残，绿肥红瘦，怎能惹起她那么深切的悲感呢?！但是孩子从小就是这样古怪，因此她被家人所摒弃，同时也被社会所摒弃。在她的童年里，便只能在梦境里寻求安慰和快乐，一直到她是否认现实世界的一切，她终成了一个疏狂孤介的人。在她三十年的岁月里，只有这些片段的梦境，维系着她的生命。

阳光渐渐的已移到那素心兰上，这目前的窗外春光，撩拨起她童年的眷恋，她深深的叹息了：“唉，多缺陷的现实的世界呵！在这春神努力的创造美丽的刹那间，你也想遮饰起你的丑恶吗？人类假使的连这些梦影般的安慰也没有，我真不知道人们怎能延续他们的生命哟！”

但愿这窗外的春光，永驻人间吧！她这样虔诚的默祝着，素心兰像是解意般的向她点着头。

指点迷津

庐隐(1898—1934)，原名黄淑仪，笔名庐隐，有隐去庐山真面目的意思。1921年加入文学研究会，1925年出版第一本小说集《海滨故人》，与萧红、苏雪林和石评梅等人并列为18个重要的现代中国女作家之一。

本文开头采用欲扬先抑的写法。“几天不曾见太阳的影子，沉闷包围了她的心”，然而，“今早从梦中醒来”看到“耀眼的阳光”和几朵盛开的素心兰，闻到“沁人心脾的幽香”，顿时精神振奋，“她深切地意识到，窗外已充满了春光”。行文至此，既点了题，又暗示着窗外的春光对“她”具有重要意义。于是，作者以“二十年前的一个梦影，从那深埋的心底复活了”引入“她”对往事的追忆——童年的不幸经历，窗外的春光带给“她”的安慰和快乐，使读者明了“她”为什么这么热爱窗外的春光。最后，“她”的思绪又回到现实，“阳光渐渐的已移到那素心兰上，这目前的窗外春光，撩拨起她童年的眷恋”，引出“她”对现实的感慨和美好祝愿。“阳光”和“素心兰”在此不仅代表“窗外的春光”，也是行文的线索。这样安排材料，使文章思路清晰，结构严密。

花　潮

李广田

昆明有个圆通寺。寺后就是圆通山。从前是一座荒山,现在是一个公园,就叫圆通公园。

公园在山上。有亭,有台,有池,有榭,有花,有树,有鸟,有兽。后山沿路,有一大片海棠,平时枯枝瘦叶,并不惹人注意,一到三四月间,真是花团锦簇,变成一个花世界。

这几天天气特别好,花开得也正好,看花的人也就最多。"紫陌红尘拂面来,无人不道看花回"办公室里,餐厅里,晚会上,道路上,经常听到有人问答:"你去看海棠没有?""我去过了。"或者说:"我正想去。"到了星期天,道路相逢,多争说圆通山海棠消息。一时之间,几乎形成一种空气,甚至是一种压力,一种诱惑,如果谁没有到圆通山看花,就好像是一大憾事,不得不挤点时间,去凑个热闹。

星期天,我们也去看花。不错,一路同去看花的人可多着哩。进了公园门,步步登山,接踵摩肩,人就更多了。向高处看,隔着密密层层的绿荫,只见一片红云,望不到边际,真是"寺门尚远花光来,漫天锦绣连云开"。这时候,什么苍松啊,翠柏啊,碧梧啊,修竹啊,……都挽不住游人。大家都一口气地攀到最高峰,淹没在海棠花的红海里。后山一条大路,两旁,四周,都是海棠。人们坐在花下,走在路上,既望不见花外的青天,也看不见花外还有别的世界。花开得正盛,来早了,还未开好,来晚了已经开败,"千朵万朵压枝低",每棵树都炫耀自己的鼎盛时代,每一朵花都在微风中枝头上颤抖着说出自己的喜悦。"喷云吹雾花无数,一条锦绣游人路",是的,是一条花巷,一条花街,上天下地都是花,可谓花天花地。可是,这些说法都不行,都不足以说出花的动态,"四厢花影怒于潮",四"山花影下如潮",还是"花潮"好。古人写诗真有他的,善于说出要害,说出花的气势。你不要乱跑,你静下来,你看那一望无际的花,"如钱塘潮夜澎湃",有风,花在动,无风,花也潮水一般地动，在阳光照射下，每一个花瓣都有它自己的阴影，就仿佛多少波浪在大海上翻腾，你越看得出神，你就越感到这一片花潮正在向天空向四面八方伸张，好像有一种生命力在不断扩展。而且，你可以听到潮水的声音，谁知道呢，也许是花下的人语声，也许是花丛中蜜蜂嗡嗡声，也许什么地方有黄莺的歌声，还有什么地方送来看花人的琴声，歌声，笑声……，这一切交织在一起，再加上风声，天籁人籁，就如同海上午夜的潮声。大家都是来看花的，可是，这个花到底怎么看法？有人走累了，拣个最好的地方坐下来看，不一会，又感到这里不够好，也许别个地方更好吧，于是站起来，既依依不舍，又满怀向往，慢步移向别处去。多数人都在花下走来走去，这棵树下看看，好，那棵树下看看，也好，伫立在另一棵树下仔细端详一番，更好，看看，想想，再看看，再想想。有人很大方，只是驻足观赏，有人贪心重，伸手牵过一枝花来摇摇，或者干脆翘起鼻子一嗅，再嗅，甚至三嗅。“天公斗巧乃如此，令人一步千徘。”人们面对这绮丽的风光，真是徒唤奈何了。

老头儿们看花，一面看，一面自言自语，或者嘴里低吟着什么。老妈妈看花，扶着拐杖，牵着孙孙，很珍惜地折下一朵，簪在自己的发髻上。青年们穿得整整齐齐，干干净净，好像参加什么盛会，不少人已经穿上雪白的衬衫，有的甚至是绸衬衫，有的甚至已是短袖衬衫，好像夏天已经来到他们身上，东张张，西望望，既看花，又看人，洋气得很。青年妇女们，也都打扮得利利落落，很多人都穿着花衣花裙，好像要与花争妍，也有人擦了点胭脂，抹了点口红，显得很突出，可是，在这花世界里，又叫人感到无所谓了。很自然地想起了龚自珍《西郊落花歌》中说的，“如八万四千天女洗脸罢，齐向此地倾胭脂”，真也有点形容过分，反而没有真实感了。小学生们，系着漂亮的红领巾，带着弹弓来了，可是他们并没有射击，即便有鸟，也不射了，被这一片没头没脑的花惊呆了。画家们正调好了颜色对花写生，看花的人又围住了画花的，出神地看画家画花。喜欢照相的人，抱着相机跑来跑去，不知是照花，还是照人，是怕人遮了花，还是怕花遮了人，还是要选一个最好的镜头，使如花的人永远伴着最美的花。有人在花下喝茶. 有人在花下弹琴有人在花下下象棋，有人在花下打桥牌。昆明四季如春，四季有花，可是不管山茶也罢，报春也罢，梅花也罢，杜鹃也罢，都没有海棠这样幸运，有这么多人. 这样热热闹闹地来访它，来赏它，这样兴致勃勃地来赶这个开花的季节。还有桃花什么的，目前也还开着，在这附近，就有几树碧桃正开，“猩红鹦绿天人姿，回首夭桃惝失色”，显得冷冷落落地呆在一旁，并没有谁去理睬。在这圆通山头，可以看西山和滇池，可以看平林和原野，可是这时候，大家都在看花，什么也顾不得了。

看着看着，实在也有点疲乏，找个地方坐下来休息一下吧，哪里没有人？都是人。坐在一群看花人旁边，无意中听人家谈论，猜想他们大概是哪个学校的文学教师。他们正在吟诗谈诗：

一个吟道："泪眼问花花不语，乱红飞过秋千去。"

一个说："这个不好，哪来的这么些眼泪！"

另一个吟道："一片花飞减却春，风飘万点正愁人。"

又一个说："还是不好，虽然是诗圣的佳句，也不好。"

一个青年人抢过去说："'繁枝容易纷纷落，嫩蕊商量细细开'，也是杜诗，好不好？"

一个人回答："好的，好的，思想健康，说的是新陈代谢。"

一个人不等他说完就接上去："好是好，还不如龚自珍的'落红不是无情物，化作春泥更护花'有辩证观点，乐观精神。"

有一个人一直不说话，人家问他，他说："天何言哉，四时兴焉，万物生焉，天何言哉。桃李无言，下自成蹊。你们看，海棠并没有说话，可是大家都被吸引来了。"

我也没有说话。想起泰山高处有人在悬崖上刻了四个大字：予"欲无言"，其实也甚是多事。

回家的路上，还是听到很多人纷纷议论。

有人说："今年的花，比去年好，去年，比前年好，解放以前谈不到。"

有人说："今天看花好，今夜睡梦好，明天工作好。"

有人说："明天作文课，给学生出题目，有了办法。"

有人说："最好早晨来看花，迎风带露的花，会更娇更美。"

有人说："雨天来看花更好，海棠着雨胭脂透，当然不是大雨滂沱，而是斜风细雨。"

有人说："也许月下来看花更好，将是花气氤氲。"

有人说："下星期再来看花，再不来就完了。"

有人说："不怕花落去，明年花更好。"

好一个明年花"更好"。我一面走着，一面听人家说着，自己也默念着这样两句话：

春光似海，盛世如花。

指点迷津

李广田(1906—1968),散文家,号洗岑,笔名黎地、曦晨等。1930 年开始发表诗文,曾与北大学友卞之琳、何其芳联合出版诗集《汉园集》,中国现代优秀的散文作家之一,主要作品有《雀蓑集》《圈外》《回声》《日边随笔》等。

本文把眼前海棠盛开的景象比作花潮,从三个方面描写了这个特点:视觉、感觉、听觉。通过这样的描写,作者寄予了他对美好未来的憧憬,对社会太平和人民幸福生活的渴望。

扬州的夏日

朱自清

扬州从隋炀帝以来，是诗人文士所称道的地方；称道的多了，称道得久了，一般人便也随声附和起来。直到现在，你若向人提起扬州这个名字，他会点头或摇头说："好地方！好地方！"特别是没去过扬州而念过些唐诗的人，在他心里，扬州真像蜃楼海市一般美丽；他若念过《扬州画舫录》一类书，那更了不得了。但在一个久住扬州像我的人，他却没有那么多美丽的幻想，他的憎恶也许掩住了他的爱好；他也许离开了三四年并不去想它。若是想呢，——你说他想什么？女人，不错，这似乎也有名，但怕不是现在的女人吧？——他也只会想着扬州的夏日，虽然与女人仍然不无关系的。

北方和南方一个大不同，在我看，就是北方无水而南方有。诚然，北方今年大雨，永定河、大清河甚至决了堤防，但这并不能算是有水；北平的三海和颐和园虽然有点儿水，但太平衍了，一览而尽，船又那么笨头笨脑的。有水的仍然是南方。扬州的夏日，好处大半便在水上——有人称为"瘦西湖"，这个名字真是太"瘦"了，假西湖之名以行，"雅得这样俗"，老实说，我是不喜欢的。下船的地方便是护城河，曼衍开去，曲曲折折，直到平山堂，——这是你们熟悉的名字——有七八里河道，还有许多杈杈桠桠的支流。这条河其实也没有顶大的好处，只是曲折而有些幽静，和别处不同。

沿河最著名的风景是小金山，法海寺，五亭桥；最远的便是平山堂了。金山你们是知道的，小金山却在水中央。在那里望水最好，看月自然也不错——可是我还不曾有过那样福气。"下河"的人十之九是到这儿的，人不免太多些。法海寺有一个塔，和北海的一样，据说是乾隆皇帝下江南，盐商们连夜督促匠人造成的。法海寺著名的自然是这个塔；但还有一桩，你们猜不着，是红烧猪头。夏天吃红烧猪头，在理论上也许不甚相宜；可是在实际上，挥汗吃着，倒也不坏的。五亭桥如名字所示,是五个亭子的桥。桥是拱形,中一亭最高,两边四亭,参差相称;最宜远看,或看影子,也好。桥洞颇多,乘小船穿来穿去,另有风味。

平山堂在蜀冈上。登堂可见江南诸山淡淡的轮廓;“山色有无中”一句话,我看是恰到好处,并不算错。这里游人较少,闲坐在堂上,可以永日。沿路光景,也以闲寂胜。从天宁门或北门下船。蜿蜒的城墙,在水里倒映着苍黝的影子,小船悠然地撑过去,岸上的喧扰像没有似的。

船有三种:大船专供宴游之用,可以挟妓或打牌。小时候常跟了父亲去,在船里听着谋得利洋行的唱片。现在这样乘船的大概少了吧?其次是“小划子”,真像一瓣西瓜,由一个男人或女人用竹篙撑着。乘的人多了,便可雇两只,前后用小凳子跨着:这也可算得“方舟”了。后来又有一种“洋划”,比大船小,比“小划子”大,上支布篷,可以遮日遮雨。“洋划”渐渐地多,大船渐渐地少,然而“小划子”总是有人要的。这不独因为价钱最贱,也因为它的伶俐。一个人坐在船中,让一个人站在船尾上用竹篙一下一下地撑着,简直是一首唐诗,或一幅山水画。而有些好事的少年,愿意自己撑船,也非“小划子”不行。“小划子”虽然便宜,却也有些分别。譬如说,你们也可想到的,女人撑船总要贵些;姑娘撑的自然更要贵喽。这些撑船的女子,便是有人说过的“瘦西湖上的船娘”。船娘们的故事大概不少,但我不很知道。据说以乱头粗服,风趣天然为胜;中年而有风趣,也仍然算好。可是起初原是逢场作戏,或尚不伤廉惠;以后居然有了价格,便觉意味索然了。

北门外一带,叫做下街,“茶馆”最多,往往一面临河。船行过时,茶客与乘客可以随便招呼说话。船上人若高兴时,也可以向茶馆中要一壶茶,或一两种“小笼点心”,在河中喝着,吃着,谈着。回来时再将茶壶和所谓小笼,连价款一并交给茶馆中人。撑船的都与茶馆相熟,他们不怕你白吃。扬州的小笼点心实在不错:我离开扬州,也走过七八处大大小小的地方,还没有吃过那样好的点心;这其实是值得惦记的。茶馆的地方大致总好,名字也颇有好的。如香影廊,绿杨村,红叶山庄,都是到现在还记得的。绿杨村的幌子,挂在绿杨树上,随风飘展,使人想起“绿杨城郭是扬州”的名句。里面还有小池,丛竹,茅亭,景物最幽。这一带的茶馆布置都历落有致,迥非上海、北平方方正正的茶楼可比。

“下河”总是下午。傍晚回来,在暮霭朦胧中上了岸,将大褂折好搭在腕上,一手微微摇着扇子;这样进了北门或天宁门走回家中。这时候可以念“又得浮生半日闲”那一句诗了。

指点迷津

江南,水乡,扬州。一个带给文人无限遐想,又被文人赋予无限遐想的地方,一个带有脂粉烟花味道的地方。水是扬州风景的核心,也是这座城市的灵魂,它维系着人们的生活,同时也成就了这座城市。城市依水而建,人们逐水而居,水已经融入了人们的日常生活之中,船行水上,思绪也如流水一般绵延清澈。三五友人,宴游水上,品尝着美味的茶食,品味着水乡的味道。这篇作品笔墨简省,叙述舒缓自如。

本文于悠然舒徐,洒脱自然的笔调中,含蓄地寓托自己的情感。与这一渐趋练达的抒情风格有关的,是作品语言的平易畅达,早期散文那种刻意雕琢的脆生生的文人白话,已经"洗尽铅华无雕饰",如出水芙蓉,明净随意,一秉天然。这篇名气不大的作品,融合了作者早期散文的情致和后期散文更加口语化的语言风格,比较典型地体现了朱自清在漂泊中澹然澄观的散文美学。它既有唐诗的丰神情韵,又渗透着宋诗的筋骨思理,与那些名篇一样,值得细细玩味。

五月的青岛

老　舍

因为青岛的节气晚,所以樱花照例是在四月下旬才能盛开。樱花一开,青岛的风雾也挡不住草木的生长了。海棠,丁香,桃,梨,苹果,藤萝,杜鹃,都争着开放,墙角路边也都有了嫩绿的叶儿。五月的岛上,到处花香,一清早便听见卖花声。公园里自然无须说了,小蝴蝶花与桂竹香们都在绿草地上用它们的娇艳的颜色结成十字,或绣成儿团;那短短的绿树篱上也开着一层白花,似绿枝上挂了一层春雪。就是路上两旁的人家也少不得有些花草:围墙既矮,藤萝往往顺着墙把花穗儿悬在院外,散出一街的香气:那双樱,丁香,都能在墙外看到,双樱的明艳与丁香的素丽,真是足以使人眼明神爽。

山上有了绿色,嫩绿,所以把松柏们比得发黑了一些。谷中不但填满了绿色,而且颇有些野花,有一种似紫荆而色儿略略发蓝的,折来很好插瓶。

青岛的人怎能忘下海呢,不过,说也奇怪,五月的海就仿佛特别的绿,特别的可爱,也许是因为人们心里痛快吧?看一眼路旁的绿叶,再看一眼海,真的,这才明白了什么叫做“春深似海”。绿,鲜绿,浅绿,深绿,黄绿,灰绿,各种的绿色,连接着,交错着,变化着,波动着,一直绿到天边,绿到山脚,绿到渔帆的外边去。风不凉,浪不高,船缓缓的走,燕低低的飞,街上的花香与海上的咸味混到一处,浪漾在空中,水在面前,而绿意无限,可不是,春深似海!欢喜,要狂歌,要跳入水中去,可是只能默默无言,心好像飞到天边上那将将能看到的小岛上去,一闭眼仿佛还看见一些桃花。人面桃花相映红,必定是在那小岛上。

这时候,遇上风与雾便还须穿上棉衣,可是有一天忽然响晴,夹衣就正合适。但无论怎说吧,人们反正都放了心——不会大冷了,不会。妇女们最先知道这个,早早的就穿出利落的新装,而且决定不再脱下去。海岸上,微风吹动少女们的发与衣,何必再会到电影园中找那有画意的景儿呢!这里是初春浅夏的合响,风里带着春寒，而花草山水又似初夏，意在春而景如夏，姑娘们总先走一步，迎上前去，跟花们竞争一下，女性的伟大几乎不是颓废诗人所能明白的。

人似乎随着花草都复活了，学生们特别的忙：换制服，开运动会，到崂山丹山旅行，服劳役。本地的学生忙，别处的学生也来参观，几个，几十，几百，打着旗子来了，又成着队走开，男的，女的，先生，学生，都累得满头是汗，而仍不住的向那大海丢眼。学生以外，该数小孩最快活，笨重的衣服脱去，可以到公园跑跑了；一冬天不见猴子了，现在又带着花生去喂猴子，看鹿。拾花瓣，在草地上打滚；妈妈说了，过几天还有大红樱桃吃呢！

马车都新油饰过，马虽依然清瘦，而车辆体面了许多，好做一夏天的买卖呀。新油过的马车穿过街心，那专做夏天的生意的咖啡馆，酒馆，旅社，饮冰室，也找来油漆匠，扫去灰尘，油饰一新。油漆匠在交手上忙，路旁也增多了由各处来的舞女。预备呀，忙碌呀，都红着眼等着那避暑的外国战舰与各处的阔人。多咱浴场上有了人影与小艇，生意便比花草还茂盛呀。到那时候，青岛几乎不属于青岛的人了，谁的钱多谁更威风，汽车的眼是不会看山水的。

那么，且让我们自己尽量的欣赏五月的青岛吧！

指点迷津

本文是老舍先生散文力作。这是一篇充满诗情画意、情景交融的优美散文。五月的青岛是花的海洋，绿的世界。人们来到海边，尽情地享受着轻风和细浪。海岸上，微风中的少女恰似春天里的一道移动的风景，快活的孩子们在游玩嬉戏。人们享受着五月的天气，享受着五月的青岛，享受着美好的生活。作者通过两幅风景画和三幅社会风俗画的精彩描写，将这些描绘出来，字里行间渗透着作者深沉的爱国情感。文章不仅立意深湛、意境壮阔、语言优美，而且构思非常精巧，五幅画逐层展现，独具艺术匠心。值得我们品味和学习。

泉城秋色

刘　鹗

到了铁公祠前,朝南一望,只见对面千佛山上,梵宇僧楼,与那苍松翠柏,高下相间,红的火红,白的雪白,青的靛青,绿的碧绿,更有那一株半株的丹枫夹在里面,仿佛宋人赵千里的一幅大画,做了一架数十里长的屏风。正在叹赏不绝,忽听一声渔唱,低头看去,谁知那大明湖业已澄净的同镜子一般。那千佛山的倒影映在湖里,显得明明白白。那楼台树木,格外光彩,觉得比上头的一个千佛山还要好看,还要清楚。这湖的南岸,上去便是街市,却有一层芦苇,密密遮住。现在正是看花的时候,一片白花映着带水色的斜阳,好似一条粉红绒毯,做了上下两个山的垫子,实在奇绝。

指点迷津

刘鹗(è)(1857—1909),清末小说家。谱名震远,原名孟鹏,字云抟,后更名鹗,字铁云,又字公约,号老残。署名“洪都百炼生”。刘鹗自青年时期拜师太谷学派南宗李光炘(龙川)之后,终生主张以“教养”为大纲,发展经济生产,富而后教,养民为本的太谷学说。他一生从事实业,投资教育,为的就是能够实现太谷学派“教养天下”的目的。而他之所以能屡败屡战、坚韧不拔,太谷学派的思想可以说是他的精神支柱。

本文节选了《老残游记》中的一小节,写的是泉城秋色。全篇虽不到300字,但层次分明,极有景致。高下相间,色彩迥异,把个秋天渲染得明媚娇艳,生机盎然。后写大明湖、千佛山,皆如诗如画,韵味无穷,创造出幽妙舒放的动人意境。最后写街市,更显奇绝。

全篇写山光,五彩缤纷;写水色,明净多姿,给人赏心悦目之感。

济南的冬天

老 舍

对于一个在北平住惯的人,像我,冬天要是不刮风,便觉得是奇迹;济南的冬天是没有风声的。对于一个刚由伦敦回来的人,像我,冬天要能看得见日光,便觉得是怪事;济南的冬天是响晴的。自然,在热带的地方,日光是永远那么毒,响亮的天气,反有点叫人害怕。可是,在北中国的冬天,而能有温晴的天气,济南真得算个宝地。

设若单单是有阳光,那也算不了出奇。请闭上眼睛想:一个老城,有山有水,全在天底下晒着阳光,暖和安适地睡着,只等春风来把它们唤醒,这是不是个理想的境界?小山整把济南围了个圈儿,只有北边缺着点口儿。这一圈小山在冬天特别可爱,好像是把济南放在一个小摇篮里,它们安静不动地低声地说:“你们放心吧,这儿准保暖和。”真的,济南的人们在冬天是面上含笑的。他们一看那些小山,心中便觉得有了着落,有了依靠。他们由天上看到山上,便不知不觉地想起:“明天也许就是春天了吧?这样的温暖,今天夜里山草也许就绿起来了吧?”就是这点幻想不能一时实现,他们也并不着急,因为这样慈善的冬天,干啥还希望别的呢!

最妙的是下点小雪呀。看吧,山上的矮松越发的青黑,树尖上顶着一髻儿白花,好像日本看护妇。山尖全白了,给蓝天镶上一道银边。山坡上,有的地方雪厚点,有的地方草色还露着,这样,一道儿白,一道儿暗黄,给山们穿上一件带水纹的花衣;看着看着,这件花衣好像被风儿吹动,叫你希望看见一点更美的山的肌肤。等到快日落的时候,微黄的阳光斜射在山腰上,那点薄雪好像忽然害了羞,微微露出点粉色。就是下小雪吧,济南是受不住大雪的,那些小山太秀气!古老的济南,城里那么狭窄,城外又那么宽敞,山坡上卧着些小村庄,小村庄的房顶上卧着点雪,对,这是张小水墨画,也许是唐代的名手画的吧。

那水呢,不但不结冰,倒反在绿萍上冒着点热气,水藻真绿,把终年贮蓄的绿色全拿出来了。天儿越晴，水藻越绿，就凭这些绿的精神，水也不忍得冻上，况且那些长枝的垂柳还要在水里照个影儿呢！看吧，由澄清的河水慢慢往上看吧，空中，半空中，天上，自上而下全是那么清亮，那么蓝汪汪的，整个的是块空灵的蓝水晶。这块水晶里，包着红屋顶，黄草山，像地毯上的小团花的灰色树影。这就是冬天的济南。

指点迷津

1930 年前后老舍来到山东，先后在济南齐鲁大学和青岛山东大学任教 7 年之久，对山东产生了深厚的感情，被他称为“第二故乡”。据夫人胡絜青回忆，老舍生前“常常怀念的是从婚后到抗战爆发，在山东度过的那几年”。该文是老舍 1931 年春天在济南齐鲁大学任教时写成的，选自《一些印象》的第五节。

本文是一篇充满诗情画意的散文，老舍先生在英国讲学 6 年之久，英国的雾气给他留下深刻的印象，还去过西南地区，因此来到被誉为“泉城”的山东省会济南后，感受非常强烈。标题“济南的冬天”，简洁明了点明了地点和节令，告诉我们它是不同于其他地方的冬天。因此他紧紧抓住济南冬天“温晴”这一特点，描述出一幅幅济南特有的动人的冬景。老舍先生还善于描述主要景物的主要特征，表达自己最鲜明的印象和感受。

本文的主题思想，即对济南特有冬景的喜爱和赞美，通过对冬天场景的描述，充分体现了作者对济南的冬天和这座城市的热爱之情。文章语言朴素、生动，犹如“清水出芙蓉，天然去雕饰”，细细阅读，静静品味，脑海中就会出现一个又一个美丽动人的画面，让我们的心灵泛起温柔的涟漪，就像一种无法言说的美好，字里行间透出的纯真与至美的意境，带着我们走进一个独特的童话世界。

雪　夜

〔法国〕莫泊桑

黄昏时分,纷纷扬扬地下了一天的雪终于渐下渐止,沉沉夜幕下的大千世界,仿佛凝固了,一切生命都悄悄进入了睡乡,或近或远的山谷、平川、树林、村落……在雪光映照下,银装素裹,分外妖娆。这雪后初霁的夜晚,万籁俱寂,了无生气。

突然,从远处传来一阵凄厉的叫声,冲破这寒夜的寂静,那叫声,如泣如诉,若怒若怨。听来令人毛骨悚然!喔,是那条被主人放逐的老狗,在前村的篱畔哀鸣:是在哀叹自己的身世,还是在倾诉人类的寡情?

漫无涯际的旷野平畴,在白雪的覆压下蜷缩起身子,好像连挣扎一下都不情愿的样子。那遍地的萋萋芳草,匆匆来去的游蜂浪蝶,如今都藏匿得无迹可寻;只有那几棵百年老树,依旧伸展着杈丫的秃枝,像是鬼影憧憧,又像那白骨森森,给雪后的夜色平添上几分悲凉、凄清。

茫茫太空,默然无语地注视着下界,越发显出它的莫测高深。雪层背后,月亮露出了灰白色的脸庞,把冷冷的光洒向人间,使人更感到寒气袭人;和她做伴的,惟有寥寥的几点寒星,致使她也不免感叹这寒夜的落寞和凄冷。看,她的眼神是那样忧伤,她的步履又是那样迟缓!

渐渐地,月儿终于到达她行程的终点,悄然隐没在旷野的边沿,剩下的只是一片青灰色的回光在天际荡漾。少顷,又见那神秘的鱼白色开始从东方蔓延,像撒开一幅轻柔的纱幕笼罩住整个大地,寒意更浓了。枝头的积雪都已在不知不觉间凝成了水晶般的冰凌。

啊,美景如画的夜晚,却是小鸟们恐怖战栗、备受煎熬的时光!它们的羽毛沾湿了,小脚冻僵了;刺骨的寒风在林间往来驰突,肆虐逞威,把它们可怜的窝巢刮得左摇右晃;困倦的双眼刚刚合上,一阵阵寒冷又把它们惊醒……只得瑟瑟缩缩地颤着身子,打着寒噤,忧郁地注视着漫天皆白的原野,期待那漫漫未央的长夜早到尽头，换来一个充满希望之光的黎明。

指点迷津

这篇散文以写夜晚雪景立意，以黄昏雪止为发端，用颇见功力的描写，为我们呈现了一幅夜雪图。老狗凄厉的叫声、伸展的老树、颤栗的小鸟，画面凄美而富有韵味，片片雪花犹如晶莹的露珠，融入我心田，会入天地中……

四季的情趣

〔日本〕宫城道雄

一位远走南洋的熟人,阔别十年之后突然来访。他说:“我常回日本,不过总是在夏天回来,没赶上过日本的冬天。这次回来幸好是冬天,很想好好领略一下日本冬天的风味。”而我拥有四季,并不感到对生活的厌倦。

首先,春天到来,春风吹拂,浑身酥暖。每年一到春天,便有一只小鸟飞到我的住处来,明年还会以同样的声音鸣叫,来的时间也似乎相同。这样相遇三年,从声音的高低和音色来判断,是同一只鸟无疑。我根据这印象谱写出《春来到》一曲。心想,连鸟儿也每年过着同样的生活呀!

春天的早晨,它似乎在告诉人们要抓紧工作,令人内心充满希望。当朝晖射进自己的窗户时,就感到该做点什么工作了。

春天的中午过后,如果是风和日丽,闲适静谧的日子,当感到和煦的日光爬上自己的面颊时,便传来省线电车驶过的声音。这一切使人感到悠闲自在。连听到院内鸟儿振翅起飞或高声鸣叫,都令人陶醉。

周围一丝风也没有,好像陡然忆起似地刮来一阵微风,庭园中的树叶和矮竹子叶摇曳不定,给人以舒畅之感。自古以来,每当月夜,人们往往思念故乡旧友以及遥远的往事。春闲之夜,来到昏沉欲睡的廊檐边,心头不禁涌现许多往事。

外面传来赏花的人们熙熙攘攘的声音时,而我独自蛰居家中潜心学习也是桩乐事。春夜外出散步更让人心旷神怡,我虽不能亲眼目睹朦胧的月光,但我的身子却感到了这一点。这样的夜晚也常想起往事。

春雨连绵之日,听着各种雨声作曲时,心神集中,完成得好,尤其在夜间,睡卧在被窝里,倾听着院中落雨声是很有趣的。这时心中意识到春雨在敲打着刚刚发芽抽叶的树木。

雨天外出,一边听着雨落在雨伞上的声响,一边朝前走,怡然自得。这时,穿鞋的足音,不如穿高木屐的声音悦耳。

由春入夏,雨前或气候突变时,不知怎的,市内电车和汽车声,在我听来宛如海啸。

夏天,大清早起虽也心情爽快,但究竟不如夜晚更好。蚊烟香的气味,扇团扇的声音,都让人喜爱。一到夏天,也许因为门窗敞开的关系,近邻变得更近,各种声响传进我的耳中,夏夜吹横笛的声音最为美妙,被蚊子咬虽可厌,可是两三个蚊子一起飞来,发出的嗡嗡声宛如筚篥,也叫人难舍。同时,静听着电风扇的哼叫声,仿佛远海落日,波浪起伏的声音。这时,就像孤独一人被抛弃在那里,一种莫名的寂寞、悲凉之感油然而生。所以我时常默默地倾听电扇的声音。

夏天,我也不太愿意去避暑。因为出门在外,不如在家方便。怕麻烦别人,所以我尽量不去。虽说如此,近两三年来,却也时而出去一游。从去年起,夏天到叶山的家去住。盛夏,海岸喧闹异常。我住的地方背后便是山,下面连着海,房子正好位于半山腰。大海的喧闹对我的影响倒不大。因为身在山坡之上,可以尽情享受山间风趣。

早晨,群鸟争鸣。我去到房后,侧耳聆听这鸟鸣之声。有的长鸣,有的声声短啼,有的宛似人类嘲笑别人时的笑声,而有的声音低而悠长,犹如在召唤别人。根据这些个观察,我心里常想,鸟类的世界里也有语言。刚才还成群结队猬集此处的鸟群,不久之后,好像全飞走了,周围一片寂静。到某个时间,它们又都回到原来的地方来了。

在山上,茅蜩这种蝉叫得很起劲。原以为它傍晚才叫,它却从早起就叫。当然它最喜欢在黄昏时叫,我不知道山上太阳偏移的情况,但在白昼也常听到它叫。茅蜩的叫声,照我的观察,声音高低只有两类,是固定不移的。这就是以相差半个音来鸣叫。用日本高调来说,一个以 do 音在叫,一个以 xi 音在叫。在哪儿听也是如此。在街里,只听一只叫固然也不错,以半音之差,百蝉齐鸣,其妙趣简直无法形容。听着听着,似乎被吸进了奇妙的音的世界。

躺在被窝里静听海滨机帆船起航出海,也是种乐趣。船渐渐离岸远去,以为船声大概听不见了,不料却还能听得见。自己的心仿佛也随船远去。我认为海滨的夏天同样是很好玩的。

盛夏时节,开始叫的是梨蜩,螟螟蝉和茅蜩一到寒蝉叫起,便知秋天临近了。

我儿时时常看到的是,一到初秋,空中打闪。听祖母说,这是稻谷丰收的预兆。其实,我就是从这闪电中体察到初秋的气氛的。

四季的情趣我曾记下这样一点，一到立秋，奇怪的是，蟋蟀等似乎固定在同一时刻开始叫。在立秋这天前后，秋虫便陆续开始唧唧鸣叫。而且我经常最早听到的秋虫声是蟋蟀的叫声，其次是变色音蛋的叫声。有趣的是最初只有一只，顶多两只左右在叫，日子一长，叫的虫就多了起来。

一进入初秋，不知不觉地风也变了。八月过半，便感到空气澄澈，头脑清晰。我的曲子，一年当中，完成于秋天的最多。我总是吊起金属的风铃来，喜欢听风吹铃的响声。秋风吹得铃响，声音虽无变化，也让人感到莫名的寂寞，好像它与从前的响声不同。风力恰到好处时，铃声悲凉而清晰；狂风大作时，挂着的长纸条皱皱巴巴发不出声来，即便有声，也是干巴巴的，让人想到已是晚秋了。还有秋天的阳光，照儿时留下的记忆，似乎带有黄色。

街里举行秋祭时，在大鼓、笛子等祭神的音乐伴奏下，抬着神舆走过的声音，凑近去听倒不如远远地听更有祭祀的情调。我喜欢祭神的气氛，就我来讲，永远不希望废止这类活动。

到秋天，小鸟等也以和春大不同的声音在叫。老鹰沉静的叫声，给人以悠然之感。而且两只对叫比一只独鸣更有意思。也是听祖母说的，老鹰一叫，三天之内准下雨，是因为一下雨会冲走它父母的坟墓，所以它发出悲鸣。我至今还认为，一听见老鹰的叫声，不出三天就该下雨了。

秋夜，虽整夜聆听秋虫的声音，我也不感到厌倦。草云雀等不间歇地拉长声叫个不停。用短促的断音叫的是变色吟蛩，保持准确的拍节来叫的是蟋蟀。油葫芦的样子听说挺严肃，而声音其实比草云雀等还要平淡无奇，这倒也颇为有趣。油葫芦的叫声先高后低，我用音调笛子一比，最初是用比 xi 低半个音的声音叫起，然后变成比 la 低半个音的了。这声音听起来清亮柔和。

瘠螽叫时，开始是咻的一声，停一下，然后嚯的一声，收住翅膀，那拍节很有趣儿。蝈蝈儿、金琵琶也很有意思。但不论怎么说，人们最珍爱的是金铃子，把它推上秋虫的王座是有道理的，它的叫声高雅，可说最能代表秋声。

听秋虫叫，有趣的是，不管什么虫子，只要是同类的虫于，叫声的高低无大差别是很可怪的。即使有差别时，顶多不过半音。

谈到虫子，我想起一件事，内田百闲先生有一天下午提着虫宠子来到我家。内田先生对音的世界颇有研究。这天他带来的是草云雀，我说："这草云雀我的院子里有。"第二天，他打发人送来了金琵琶。送来的时候，正赶上我练习弹筝很忙，所以竟不知道什么时候送四季的情趣来的。练筝结束，身子非常累，连话都懒得说，对于唱呀拉呀都感到厌烦,对弟子们也没好气儿。就在这时,金琵琶突然叫了起来。我就像听见了朋友安慰的话语一般,本来浑身累得软瘫瘫的,怎么都不得劲,这时仿佛全身的疲乏霍然消失,顿时身心轻松,非常快活。使我深感到朋友的可贵。那只金琵琶现在还活着,我走过走廊时,常常停下步来,倾听它的叫声。

秋月高悬的夜晚,我虽看不见,但能感觉到它,并且心里立即想象出儿时看见过的月亮。

秋天的落叶声,给人以似凄凉又似怕人之感,颇像梅特林克的《盲人》中的无形的东西,躺在被窝里听,这种感觉更加强烈。

秋末,一场晚秋雨过后,虫声也有声无力时,便感到苍凉的冬意袭人。再过一阵子,虫声一下停止,就到枯叶飞舞之时了。初冬,遇上晴和天气,如同小阳春一般。

秋天的食物松荤上市时,最富于秋意。秋天吃用松蕈做的菜,非常可口。春天吃竹笋,初夏吃鲣鱼,实际上,人们往往因食物而忆起季节来。也会联想起往事。有个故事说:有个穷木匠,人们不敢随便给他小豆饭吃,如果在平常干活儿的日子给他小豆饭吃,他便撂下活计不定跑到什么地方去玩。这是因为祭神之日心定吃小豆饭,他把这事牢记在心的缘故。

到了冬天,我便想起儿时看见过的青桔子,因为是刚摘下来的,皮硬,一摸疙疙瘩瘩的,同时气味也最强烈。这些,使我意识到初冬的来临。

入冬,把一直敞开着的拉门关闭起来,面向长火盆一坐,产生一种安适感。

冬夜,围着火盆,家人闲话;或跟彼此不客气的来客无休止地闲聊,不觉就是深夜,这也另有一番情趣。

吃食里,一家团圆吃肉素烧是件乐事。近来汽车多了,已享受不到了。从前我常送艺上门,夜间坐人力车回家,饿着肚子经过饭馆门前,眼睛虽看不见,但也能知道现在正走过什么饭馆的门前。不坐车步行时,各种饭菜的香味,更易钻进鼻孔。闻着鸡素烧的香味。西餐馆的气味,还有鳝鱼馆子的味儿,忍受着寒风吹扑面颊和脖颈,又冷又饿又累,不禁胸中涌起快些到家安享家庭温暖的念头。这时,回家便是个乐趣。

话头有些岔开了,我在汉城时,一个寒冷的黄昏,从北汉山刮来刺骨的寒风。我暖乎乎地坐在车上。那时父亲在釜山的衙门里做事,薪俸微薄。我忽然想到父亲现在干什么呢?想到父亲的处境,遂给他寄去了钱。这不算孝敬父母,只不过是在天寒时才想起来的。还有,听见枯树的声响,便会想起朋友及其他许许多多的事。

我一到冬天，因惧怕寒冷，便懒散地躺在被窝里用四季的情趣功。这也不用点灯，仰面而卧，用手摸着读放在肚皮上的盲文书，或使用点字的工具书写。越到寒冷的深夜。越能沉下心去。一边听着拉门咔嗒咔嗒作响，一边作曲，格外舒畅。即便熬个通宵，也决不感到劳累，而且用脑子，不久身子也会热起来的。不作曲时，照这样子读书，也能安下心去，字句容易印入脑海。这是盲人所独有的世界，那乐趣是好眼睛的人想象不到的。我常在自己的头脑中进行合奏，想象着音的世界，很有意思。

某精神病科的博士给我讲过这样的事，即有所谓内声，如心里想着神谕之类时，就能听到那声音。当我们想象着某种音乐时，照样也能听见那音乐。当然它与精神病科所说的神谕不同，但却很相似。

我在四季当中，对冬雨不太喜欢。雪对谁来说都是好东西。大体上雪是不声不响的。但下大了时，也能接连不断听到细小的声响。雪打在树叶上的声音和雨不同，非常有趣。还有不是雪，而是霰敲打发硬的树叶，发出的声响也很有趣。

下雪的早晨，在寂静无声中积下厚厚的雪，听着行人从雪上走过的声音，宛如听船上在摇橹。我在雪天喜欢到外面去走走。雪花敲打着雨伞，和雨点不同，让人心情愉快。走着走着，发现个子在变高，还有人闪到路旁去，敲打塞进木屐齿里的雪，极富于冬天的情趣。

雪后放晴，朝阳一照，雪开始融化，水滴落下发出各种声响。有的地方融化滴落得非常快，还有的地方竟以三连音滴落，而慢慢滴落的似乎是因为惧怕什么。我想象着在山里发生大雪崩时该是什么样子，于是想起波涛发出的哗哗声。树枝等也有沉甸甸地折落的时候。由于天气寒冷，白天化不尽，到了半夜，出乎意料，雪吧嗒一声落地，吓人一跳。

我一到冬天，最怕北风。凛冽的北风刮来，我的心情沉郁，身上也不得劲。在这样的日子，偏巧碰上有重要的演奏，便常因产生不出兴头而感为难。

还有，冬天邻近的山丘一下雪，我的住处即便不下，凭身上的冷感也能觉察到附近在下雪。妻子常常嘲弄我说："一到冬天，不定什么地方在下雪呀！"其实下没下我都知道。

我最喜欢冬天刮南风。这种时候；心绪好，身子也舒展。总之，细细体味四季的气氛，有种用口形容不出的乐趣。

指点迷津

宫城道雄(1894—1956),具有世界声誉的日本民族音乐家、邦乐作曲家、古筝演奏家和散文家,主要作品有《戏水》《春之海》《越天乐变奏曲》及《盘涉调协奏曲》等。

他在日本的历史地位与刘天华在中国现代音乐史上的地位相似。作者幼年患眼疾,7 岁时双目失明,但从没丧失对生活的信心和快乐,用自己的感知去对待这个美好的世界,去感知脚下的落叶,就像一场游戏。躺在草坪上,闭上眼睛,静静地感受大自然;睁开眼睛,看看湛蓝的天空和飘动的云,觉得世界上的一切都太美好。

罗丹说过:“生活中并不缺少美,而是缺少发现美的眼睛。”是呀,生活中的一切都很美,就看你是不是在用眼睛去观察,用心灵去倾听。当你真正静下心来,去慢慢感受大自然,就会发现自然中的每一物,都具有独特的美,而作者就是这样的人——景致,是一种心情;心情,是一种景致。这大概就是这篇文章的主旨所在吧。

讽喻篇

子曰："小子何莫学夫诗？诗可以兴，可以观，可以群，可以怨。"

讽喻尤亦然：迩之事父，远之事君。正视社会，描写民生，抨击弊政，反映现实。或美刺，或警示，或告诫，或批判，以全"家国"。

伐 檀

《诗经》

坎坎伐檀兮，寘之河之干兮。河水清且涟猗。不稼不穑，胡取禾三百廛兮？不狩不猎，胡瞻尔庭有县貆兮？彼君子兮，不素餐兮！

坎坎伐辐兮，置之河之侧兮。河水清且直猗。不稼不穑，胡取禾三百亿兮？不狩不猎，胡瞻尔庭有县特兮？彼君子兮，不素食兮！

坎坎伐轮兮，置之河之漘兮。河水清且沦猗。不稼不穑，胡取禾三百囷兮？不狩不猎，胡瞻尔庭有县鹑兮？彼君子兮，不素飧兮！

指点迷津

注释

(1)坎坎：象声词，伐木声。

(2)寘：同“置”，放置。

(3)干：水边。

(4)涟：即澜。

(5)猗(yī)：义同“兮”，语气助词。

(6)稼(jià)：播种。

(7)穑(sè)：收获。

(8)胡：为什么。

(9)禾：谷物。

(10)三百：意为很多，并非实数。

(11)廛(chán)：通“缠”，古代的度量单位，三百廛就是三百束。

(12)狩：冬猎。猎，夜猎。此诗中皆泛指打猎。

(13)县(xuán)：通“悬”，悬挂。

(14)貆(huán):猪獾。也有说是幼小的貉。

(15)君子:此系反话,指有地位有权势者。

(16)素餐:白吃饭,不劳而获。

(17)辐:车轮上的辐条。

(18)直:水流的直波。

(19)亿:通“束”。

(20)瞻:向前或向上看。

(21)特:三岁大兽。

(22)漘(chún):水边。

(23)沦:小波纹。

(24)囷(qūn):束。一说圆形的谷仓。

(25)飧(sūn):熟食,此泛指吃饭。

《诗经》是最早的一部诗歌总集,是中国古代诗歌的开端。原称“诗”或“诗三百”,收集了西周初年至春秋中叶(前11世纪至前6世纪)的诗歌,共305篇(其中6篇为笙诗,即只有标题,没有内容),反映了周初至周晚期约500年间的社会面貌。孔子曾概括《诗经》宗旨为“无邪”,并教育弟子诵读《诗经》,以作为立言和立行的标准。至汉武帝时,《诗经》被儒家奉为经典。

《诗经》内容丰富,反映了劳动与爱情、战争与徭役、压迫与反抗、风俗与婚姻、祭祖与宴会,甚至天象、地貌、动物、植物等方方面面,是周代社会生活的一面镜子,被誉为古代社会的百科全书。

这首诗是《诗经》中最为人们熟悉的篇目之一,较多反映了下层民众对上层统治者的不满,是一首嘲骂剥削者不劳而食的诗。全诗强烈地反映出当时劳动人民对统治者的怨恨,更感悟了被剥削阶级意识的觉醒。愤懑的奴隶已经向不劳而获的寄生虫和吸血鬼大胆地提出了正义的责问和指斥,是《诗经》中反剥削反压迫最有代表性的诗篇之一。

秦中吟·买花

白居易

帝城春欲暮，喧喧车马度。共道牡丹时，相随买花去。
贵贱无常价，酬直看花数。灼灼百朵红，戋戋五束素。
上张幄幕庇，旁织巴篱护。水洒复泥封，移来色如故。
家家习为俗，人人迷不悟。有一田舍翁，偶来买花处。
低头独长叹，此叹无人喻。一丛深色花，十户中人赋。

指点迷津

注释

(1)戋戋(Jiān)：众多貌。

(2)幄幕：帐篷。

(3)田舍翁：农民。

白居易(772—846)，字乐天，号香山居士，是唐代伟大的现实主义诗人，唐代三大诗人之一。白居易与元稹共同倡导新乐府运动，世称“元白”，与刘禹锡并称“刘白”。他的诗歌题材广泛，形式多样，语言平易通俗，有“诗魔”和“诗王”之称。有《白氏长庆集》传世，代表诗作有《长恨歌》《卖炭翁》《琵琶行》等。

《秦中吟》共十首，这首诗是组诗中最出名的一首。在白居易生活的时代，贵族官僚骄奢淫逸，一掷千金。这首诗构思，仅仅从买花这个小角度落墨，深透剖析，就揭露出当时社会的种种弊端。诗末用“田舍翁”的叹息作结：“一丛深色花，十户中人赋！”这里含有十分深刻的意义，已经触及到了当时不合理的社会经济制度本身。前所谓“权豪贵近者相目而变色”，主要就表现于此。

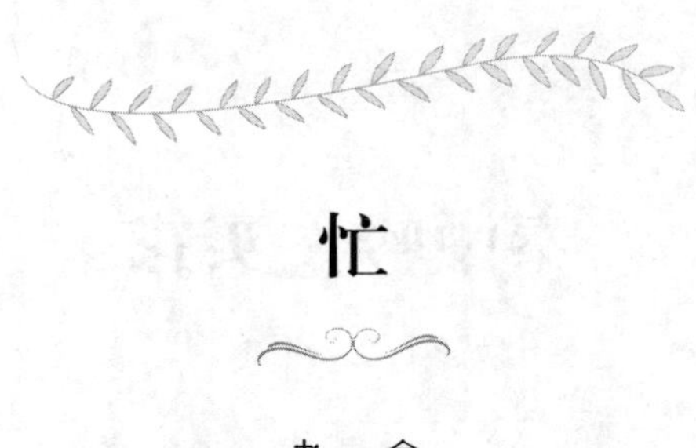

忙

老 舍

近来忙得出奇。恍忽之间,仿佛看见一狗,一马,或一驴,其身段神情颇似我自己;人兽不分,忙之罪也!

每想随遇而安,贫而无谄,忙而不怨。无谄已经作到;无论如何不能欢迎忙。

这并非想偷懒。真理是这样:凡真正工作,虽流汗如浆,亦不觉苦。反之,凡自己不喜作,而不能不作,作了又没什么好处者,都使人觉得忙,且忙得头疼。想当初,苏格拉底终日奔忙,而忙得从容,结果成了圣人;圣人为真理而忙,故不手慌脚乱。即以我自己说,前年写《离婚》的时候,本想由六月初动笔,八月十五交卷。及至拿起笔来,天气热得老在九十度以上,心中暗说不好。可是写成两段以后,虽腕下垫吃墨纸以吸汗珠,已不觉得怎样难受了。“七”月十五日居然把十二万字写完!因为我爱这种工作哟!我非圣人,也知道真忙与瞎忙之别矣。

所谓真忙,如写情书,如种自己的地,如发现九尾彗星,如在灵感下写诗作画,虽废寝忘食,亦无所苦。这是真正的工作,只有这种工作才能产生伟大的东西与文化。人在这样忙的时候,把自己已忘掉,眼看的是工作,心想的是工作,做梦梦的是工作,便无暇计及利害金钱等等了;心被工作充满,同时也被工作洗净,于是手脚越忙,心中越安怡,不久即成圣人矣。情书往往成为真正的文学,正在情理之中。

所谓瞎忙,表面上看来是热闹非常,其实呢它使人麻木,使文化退落,因为忙得没意义,大家并不愿作那些事,而不敢不作;不作就没饭吃。在这种忙乱情形中,人们像机器般的工作,忙完了一饱一睡,或且未必一饱一睡,而半饱半睡。这里,只有奴隶,没有自由人;奴隶不会产生好的文化。

这种忙乱把人的心杀死,而身体也不见得能健美。它使人恨工作,使人设尽方法去偷油儿。我现在就是这样,一天到晚在那儿作事,全是我不爱作的。我不能不去作,因为眼前有个饭碗;多咱我手脚不动,那个饭碗便拍的一声碎在地上!我得努力呀,原来是为那个饭碗的完整,多么高伟的目标呀!试观今日之世界,还不是个饭碗文明!

因此,我羡慕苏格拉底,而恨他的时代。苏格拉底之所以能忙成个圣人,正因为他的社会里有许多奴隶。奴隶们为苏格拉底作工,而苏格拉底们乃得忙其所乐意忙者。这不公道!在一个理想的文化中,必能人人工作,而且乐意工作,即便不能完全自由,至少他也不完全被责任压得翻不过身来,他能把眼睛从饭碗移开一会儿,而不至立刻拍的一声打个粉碎。

在这样的社会里,大家才会真忙,而忙得有趣,有成绩。在这里,懒是一种惩罚;三天不作事会叫人疯了;想想看,灵感来了,诗已在肚中翻滚,而三天不准他写出来,或连哼哼都不许!懒,在现在的社会里,是必然的结果,而且不比忙坏;忙出来的是什么?那么,懒又有什么不可以呢?

世界上必有那么一天,人类把忙从工作中赶出去,人家都晓得,都觉得,工作的快乐,而越忙越高兴;懒还不仅是一种羞耻,而是根本就受不了的。自然,我是看不到那样的社会了;我只能在忙得——瞎忙——要哭的时候这么希望一下吧。

指点迷津

老舍的语言俗白精致,雅俗共赏。他说:“没有一位语言艺术大师是脱离群众的,也没有一位这样的大师是记录人民语言,而不给它加工的。”因此,作品中人物语言是加提炼过的北京白话,其作品语言的“俗”,建立在精细的思考与研究的基础上;“白”,让读者易于理解却又颇有深度。用通俗、平白的文字来反映时代和生活,这才是老舍作为语言大师的境界,可谓“清水出芙蓉,天然去雕饰”。然而另一方面,老舍的语言又脱去自然形态的粗糙与随意,使现代的北京口语显出朴素精致,如同一具精雕细刻的瓷器。

本文从人们司空见惯的生活,提出令人深思的问题,“忙得有趣,有成绩。而懒,在现在的社会里,是必然的结果,而且不比忙坏;忙出来的是什么?那么,懒又有什么不可以呢?”通俗、平白的文字来反映时代和生活,这是老舍作为语言大师的境界,可谓“清水出芙蓉,天然去雕饰”。

聪明人和傻子和奴才

鲁 迅

奴才总不过是寻人诉苦。只要这样,也只能这样。有一日,他遇到一个聪明人。

"先生!"他悲哀地说,眼泪联成一线,就从眼角上直流下来。"你知道的。我所过的简直不是人的生活。吃的是一天未必有一餐,这一餐又不过是高粱皮,连猪狗都不要吃的,尚且只有一小碗……。"

"这实在令人同情"聪明人也惨然说。

"可不是么!"他高兴了。"可是做工是昼夜无休息的:清早担水晚烧饭,上午跑街夜磨面,晴洗衣裳雨张伞,冬烧汽炉夏打扇。半夜要煨银耳,侍候主人要钱;头钱[2]从来没分,有时还挨皮鞭……。"

"唉唉……。"聪明人叹息着,眼圈有些发红,似乎要下泪。

"先生!我这样是敷衍不下去的。我总得另外想法子。可是什么法子呢?……。"

"我想,你总会好起来……。"

"是么?但愿如此。可是我对先生诉了冤苦,又得你的同情和慰安,已经舒坦得不少了。可见天理没有灭绝……。"

但是,不几日,他又不平起来了,仍然寻人去诉苦。

"先生!"他流着眼泪说"你知道的。我住的简直比猪窠还不如。主人并不将我当人;他对他的叭儿狗还要好到几万倍……。"

"混帐!"那人大叫起来,使他吃惊了。那人是一个傻子。

"先生,我住的只是一间破小屋,又湿,又阴,满是臭虫,睡下去就咬得真可以。秽气冲着鼻子,四面又没有一个窗……。"

"你不会要你的主人开一个窗的么?"

“这怎么行？……”

“那么，你带我去看看！”

傻子跟奴才到他屋外，动手就砸那泥墙。

“先生！你干什么？”他大惊地说。

“我给你打开一个窗洞来。”

“这不行！主人要骂的！”

“管他呢！”他仍然砸。

“人来呀！强盗在毁咱们的屋子了！快来呀！迟一点可要打出窟窿来了！……”他哭嚷着，在地上团团地打滚。

一群奴才都出来了，将傻子赶走。

听到了喊声，慢慢地最后出来的是主人。

“有强盗要来毁咱们的屋子，我首先叫喊起来，大家一同把他赶走了。”他恭敬而得胜地说。

“你不错。”主人这样夸奖他。

这一天就来了许多慰问的人，聪明人也在内。

“先生。这回因为我有功，主人夸奖了我了。你先前说我总会好起来，实在是有先见之明……。”他大有希望似地高兴地说。

“可不是么……。”聪明人也代为高兴似的回答他。

一九二五年十二月二十六日

指点迷津

注释

(1)本篇最初发表于1926年1月4日《语丝》周刊第六十期，后收入《野草》。

(2)头钱：旧社会里提供赌博场所的人向参与赌博者抽取一定数额的钱，叫做头钱，也称“抽头”。侍候赌博的人，有时也可分得一些。

本文选自《鲁迅全集》，是一篇近似寓言故事的散文诗，鲁迅采用对比的手法，描写了三种人物对待黑暗现实和奴隶悲惨生活的不同的态度。一是“奴才”，他身受主人残酷的剥削压迫，但他丝毫不想反抗主人的压迫以改善自身的处境，只是逢人便流泪诉苦，满足于虚伪廉价的同情和空洞浅薄的安慰。当真有人以实际行动帮助反抗主人压迫时，他竟大喊打“强盗”，纠合其他奴才将其赶走，得意洋洋地向主人邀功请赏。二是“聪明人”，他倾听奴才的诉苦，尽力做出悲悯和同情的样子。但他没有给奴才任何实际的帮助。三是“傻子”，他为奴才的悲惨生活和主人的残酷而愤愤不平，替奴才将黑暗阴湿的屋子开窗。即使奴才威胁他这样干“主人要骂的”也毫不退缩。结果奴才受到主人的夸奖，聪明人得到奴才的感谢，而见义勇为的傻子却被他想帮助的奴才们赶走。

在这篇散文里鲁迅辛辣地剥露了聪明人的伪善和欺骗，歌颂了傻子的执着和反抗，而对奴才的驯服和麻木给予了无情的嘲讽和鞭挞。文章以生动凝练的笔调，寓深刻的哲理于具体的形象描绘中，寄寓了作者的爱憎感情和美丑观念，至今仍给我们很大的启迪。

求 乞 者

鲁 迅

我顺着剥落的高墙走路,踏着松的灰土。另外有几个人,各自走路。微风起来,露在墙头的高树的枝条带着还未干枯的叶子在我头上摇动。

微风起来,四面都是灰土。

一个孩子向我求乞,也穿着夹衣,也不见得悲戚,而拦着磕头,追着哀呼。

我厌恶他的声调,态度。我憎恶他并不悲哀,近于儿戏;我烦厌他这追着哀呼。

我走路。另外有几个人各自走路。微风起来,四面都是灰土。

一个孩子向我求乞,也穿着夹衣,也不见得悲戚,但是哑的,摊开手,装着手势。

我就憎恶他这手势。而且,他或者并不哑,这不过是一种求乞的法子。

我不布施,我无布施心,我但居布施者之上,给与烦腻,疑心,憎恶。

我顺着倒败的泥墙走路,断砖叠在墙缺口,墙里面没有什么。微风起来,送秋寒穿透我的夹衣;四面都是灰土。

我想着我将用什么方法求乞:发声,用怎样声调?装哑,用怎样手势?……

另外有几个人各自走路。

我将得不到布施,得不到布施心;我将得到自居于布施之上者的烦腻,疑心,憎恶。

我将用无所为和沉默求乞……

我至少将得到虚无。

微风起来,四面都是灰土。另外有几个人各自走路。灰土,灰土,…

………………

灰土……

一九二四年九月二十四日

指点迷津

鲁迅先生在与现代评论派论战时曾说:“我本来也无可尊敬,也不愿受人尊敬,免得不如人意的时候,又被人摔下来。更明白地说罢:我所憎恶的太多了,应该自己也得到憎恶,这才还有点像活在人间;如果收得的乃是相反的布施,于我倒是一个冷嘲,使我对于自己也要大加侮蔑;如果收得的是吞吞吐吐的不知道算什么,则使我感到将要呕哕似的恶心。”这段话表明了作者对于布施的态度,也是创作此文的态度。

本文用象征的手法,以诗的语言,创造了生动可感的画面,再以“灰土,灰土……”反复咏叹的旋律,再现了“无声的中国”的冷漠。表达了作者对求乞哀怜的愤懑,以及自己决不向命运与社会求乞,渴望以抗争而求得摆脱的意绪。全文在表面的灰冷下,蕴藏着内心的炽热,亦是此文的抒情特色。

警察与赞美诗

〔美国〕欧·亨利

索比急躁不安地躺在麦迪逊广场的长凳上,辗转反侧。每当雁群在夜空中引颈高歌,缺少海豹皮衣的女人对丈夫加倍的温存亲热,索比在街心公园的长凳上焦躁不安、翻来覆去的时候,人们就明白,冬天已近在咫尺了。

一片枯叶落在索比的大腿上,那是杰克·弗洛斯特的卡片。杰克对麦迪逊广场的常住居民非常客气,每年来临之先,总要打一声招呼。在十字街头,他把名片交给"户外大厦"的信使"北风",好让住户们有个准备。

索比意识到,该是自己下决心的时候了,马上组织单人财务委员会,以便抵御即将临近的严寒,因此,他急躁不安地在长凳上辗转反侧。

索比越冬的抱负并不算最高,他不想在地中海巡游,也不想到南方去晒令人昏睡的太阳,更没想过到维苏威海湾漂泊。他梦寐以求的只要在岛上待三个月就足够了。整整三个月,有饭吃,有床睡,还有志趣相投的伙伴,而且不受"北风"和警察的侵扰。对索比而言,这就是日思夜想的最大愿望。

多年来,好客的布莱克韦尔岛的监狱一直是索比冬天的寓所。正像福气比他好的纽约人每年冬天买票去棕榈滩和里维埃拉一样,索比也要为一年一度逃奔岛上作些必要的安排。现在又到时候了。昨天晚上,他睡在古老广场上喷水池旁的长凳上,用三张星期日的报纸分别垫在上衣里、包着脚踝、盖住大腿,也没能抵挡住严寒的袭击。因此,在他的脑袋里,岛子的影像又即时而鲜明地浮现出来。他诅咒那些以慈善名义对城镇穷苦人所设的布施。在索比眼里,法律比救济更为宽厚。他可以去的地方不少,有市政办的、救济机关办的各式各样的组织,他都可以去混吃、混住,勉强度日,但接受施舍,对索比这样一位灵魂高傲的人来讲,是一种不可忍受的折磨。从慈善机构的手里接受任何一点好处,钱固然不必付,但你必须遭受精神上的屈辱来作为回报。正如恺撒对待布鲁图一样,凡事有利必有弊,要睡上慈善机构的床，先得让人押去洗个澡；要吃施舍的一片面包，得先交待清楚个人的来历和隐私。因此，倒不如当个法律的座上宾还好得多。虽然法律铁面无私、照章办事，但至少不会过分地干涉正人君子的私事。

一旦决定了去岛上，索比便立即着手将它变为现实。要兑现自己的意愿，有许多简捷的途径，其中最舒服的莫过于去某家豪华餐厅大吃一台，然后呢，承认自己身无分文，无力支付，这样便安安静静、毫不声张地被交给警察。其余的一切就该由通商量的治安推事来应付了。

索比离开长凳，踱出广场，跨过百老汇大街和第五大街的交汇处那片沥青铺就的平坦路面。他转向百老汇大街，在一家灯火辉煌的咖啡馆前停下脚步，在这里，每天晚上聚积着葡萄、蚕丝和原生质的最佳制品。

索比对自己的马甲从最下一颗纽扣之上还颇有信心，他修过面，上衣也还够气派，他那整洁的黑领结是感恩节时一位教会的女士送给他的。只要他到餐桌之前不被人猜疑，成功就属于他了。他露在桌面的上半身绝不会让侍者生疑。索比想到，一只烤野鸭很对劲——再来一瓶夏布利酒，然后是卡门贝干酪，一小杯清咖啡和一只雪茄烟。一美元一只的雪茄就足够了。全部加起来的价钱不宜太高，以免遭到咖啡馆太过厉害的报复；然而，吃下这一餐会使他走向冬季避难所的行程中心满意足、无忧无虑了。

可是，索比的脚刚踏进门，领班侍者的眼睛便落在了他那旧裤子和破皮鞋上。强壮迅急的手掌推了他个转身，悄无声息地被押了出来，推上了人行道，拯救了那只险遭毒手的野鸭的可怜命运。

索比离开了百老汇大街。看起来，靠大吃一通走向垂涎三尺的岛上，这办法是行不通了。要进监狱，还得另打主意。

在第六大街的拐角处，灯火通明、陈设精巧的大玻璃橱窗内的商品尤其诱人注目。索比捡起一块鹅卵石，向玻璃窗砸去。人们从转弯处奔来，领头的就是一位巡警。索比一动不动地站在原地，两手插在裤袋里，对着黄铜纽扣微笑。

“肇事的家伙跑哪儿去了？”警官气急败坏地问道。

“你不以为这事与我有关吗？”索比说，多少带点嘲讽语气，但很友好，如同他正交着桃花运呢。

警察根本没把索比看成作案对象。毁坏窗子的人绝对不会留在现场与法律的宠臣攀谈，早就溜之大吉啦。警察看到半条街外有个人正跑去赶一辆车，便挥舞着警棍追了上去。索比心里十分憎恶，只得拖着脚步，重新开始游荡。他再一次失算了。

对面街上,有一家不太招眼的餐厅,它可以填饱肚子,又花不了多少钱。它的碗具粗糙,空气混浊,汤菜淡如水,餐巾薄如绢。索比穿着那令人诅咒的鞋子和暴露身份的裤子跨进餐厅,上帝保佑、还没遭到白眼。他走到桌前坐下,吃了牛排,煎饼、炸面饼圈和馅饼。然后,他向侍者坦露真相:他和钱老爷从无交往。

"现在,快去叫警察。"索比说,"别让大爷久等。"

"用不着找警察,"侍者说,声音滑腻得如同奶油蛋糕,眼睛红得好似曼哈顿开胃酒中的樱桃。"喂,阿康!"

两个侍者干净利落地把他推倒在又冷又硬的人行道上,左耳着地。索比艰难地一点一点地从地上爬起来,好似木匠打开折尺一样,接着拍掉衣服上的尘土。被捕的愿望仅仅是美梦一个,那个岛子是太遥远了。相隔两个门面的药店前,站着一名警察,他笑了笑,便沿街走去。

索比走过五个街口之后,设法被捕的气又回来了。这一次出现的机会极为难得,他满以为十拿九稳哩。一位衣着简朴但讨人喜欢的年轻女人站在橱窗前,兴趣十足地瞪着陈列的修面杯和墨水瓶架入了迷。而两码之外,一位彪形大汉警察正靠在水龙头上,神情严肃。

索比的计划是装扮成一个下流、讨厌的"捣蛋鬼"。他的对象文雅娴静,又有一位忠于职守的警察近在眼前,这使他足以相信,警察的双手抓住他的手膀的滋味该是多么愉快呵,在岛上的小安乐窝里度过这个冬季就有了保证。

索比扶正了教会的女士送给他的领结,拉出缩进去的衬衣袖口,把帽子往后一掀,歪得几乎要落下来,侧身向那女人挨将过去。他对她送秋波,清嗓子,哼哼哈哈,嬉皮笑脸,把小流氓所干的一切卑鄙无耻的勾当表演得惟妙惟肖。他斜眼望去,看见那个警察正死死盯住他。年轻女人移开了几步,又沉醉于观赏那修面杯。索比跟过去,大胆地走近她,举了举帽子,说:"啊哈,比德莉亚,你不想去我的院子里玩玩吗?"

警察仍旧死死盯住。受人轻薄的年轻女人只需将手一招,就等于已经上路去岛上的安乐窝了。在想象中,他已经感觉到警察分局的舒适和温暖了。年轻女人转身面对着他,伸出一只手,捉住了索比的上衣袖口。

"当然罗,迈克,"她兴高采烈地说,"如果你肯破费给我买一杯啤酒的话。要不是那个警察老瞅住我,早就同你搭腔了。"

年轻女人像常青藤攀附着他这棵大橡树一样。索比从警察身边走过,心中懊丧不已。看来命中注定,他该自由。

一到拐弯处,他甩掉女伴,撒腿就跑。他一口气跑到老远的一个地方。这儿,整夜都是最明亮的灯光,最轻松的心情,最轻率的誓言和最轻快的歌剧。淑女们披着皮裘,绅士们身着大衣,在这凛冽的严寒中欢天喜地地走来走去。索比突然感到一阵恐惧,也许是某种可怕的魔法制住了他,使他免除了被捕。这念头令他心惊肉跳。但是,当他看见一个警察在灯火通明的剧院门前大模大样地巡逻时,他立刻捞到了“扰乱治安”这根救命稻草。

索比在人行道上扯开那破锣似的嗓子,像醉鬼一样胡闹。

他又跳,又吼,又叫,使尽各种伎俩来搅扰这苍穹。

警察旋转着他的警棍,扭身用背对着索比,向一位市民解释说:“这是个耶鲁小子在庆祝胜利,他们同哈特福德学院赛球,请人家吃了个大鹅蛋。声音是有点儿大,但不碍事。我们上峰有指示,让他们闹去吧。”

索比怏怏不乐地停止了白费力气的闹嚷。难道就永远没有警察对他下手吗?在他的幻梦中,那岛屿似乎成了可望而不可即的阿卡狄亚了。他扣好单薄的上衣,以便抵挡刺骨的寒风。

索比看到雪茄烟店里有一位衣冠楚楚的人正对着火头点烟。那人进店时,把绸伞靠在门边。索比跨进店门,拿起绸伞,漫不经心地退了出来。点烟人匆匆追了出来。

“我的伞。”他厉声道。

“呵,是吗?”索比冷笑说。在小偷小摸之上,再加上一条侮辱罪吧。“好哇,那你为什么不叫警察呢?没错,我拿了。你的伞!为什么不叫巡警呢?拐角那儿就站着一个哩。”

绸伞的主人放慢了脚步,索比也跟着慢了下来。他有一种预感,命运会再一次同他作对。那位警察好奇地瞧着他们俩。

“当然罗,”绸伞主人说,“那是,噢,你知道有时会出现这类误会……我……要是这伞是你的,我希望你别见怪……我是今天早上在餐厅捡的……要是你认出是你的,那么……我希望你别……”

“当然是我的。”索比恶狠狠地说。

绸伞的前主人悻悻地退了开去。那位警察慌忙不迭地跑去搀扶一个身披夜礼服斗篷、头发金黄的高个子女人穿过横街,以免两条街之外驶来的街车会碰着她。

索比往东走,穿过一条因翻修弄得高低不平的街道。他怒气冲天地把绸伞猛地掷进一个坑里。他咕咕哝哝地抱怨那些头戴钢盔、手执警棍的家伙。因为他一心只想落入法网,而他们则偏偏把他当成永不出错的国王。

最后,索比来到了通往东区的一条街上,这儿的灯光暗淡,嘈杂声也若有若无。他顺着街道向麦迪逊广场走去,即使他的家仅仅是公园里的一条长凳,但回家的本能还是把他带到了那儿。

可是,在一个异常幽静的转角处,索比停住了。这儿有一座古老的教堂,样子古雅,显得零乱,是带山墙的建筑。柔和的灯光透过淡紫色的玻璃窗映射出来,毫无疑问,是风琴师在练熟星期天的赞美诗。悦耳的乐声飘进索比的耳朵,吸引了他,把他粘在了螺旋形的铁栏杆上。

月亮挂在高高的夜空,光辉、静穆;行人和车辆寥寥无几;屋檐下的燕雀在睡梦中几声啁啾——这会儿有如乡村中教堂墓地的气氛。风琴师弹奏的赞美诗拨动了伏在铁栏杆上的索比的心弦,因为当他生活中拥有母爱、玫瑰、抱负、朋友以及纯洁无邪的思想和洁白的衣领时,他是非常熟悉赞美诗的。

索比的敏感心情同老教堂的潜移默化交融在一起,使他的灵魂猛然间出现了奇妙的变化。他立刻惊恐地醒悟到自己已经坠入了深渊,堕落的岁月,可耻的欲念,悲观失望,才穷智竭,动机卑鄙——这一切构成了他的全部生活。

顷刻间,这种新的思想境界令他激动万分。一股迅急而强烈的冲动鼓舞着他去迎战坎坷的人生。他要把自己拖出泥淖,他要征服那一度驾驭自己的恶魔。时间尚不晚,他还算年轻,他要再现当年的雄心壮志,并坚定不移地去实现它。管风琴的庄重而甜美音调已经在他的内心深处引起了一场革命。明天,他要去繁华的商业区找事干。有个皮货进口商一度让他当司机,明天找到他,接下这份差事。他愿意做个煊赫一时的人物。他要……

索比感到有只手按在他的胳膊上。他霍地扭过头来,只见一位警察的宽脸盘。

"你在这儿干什么呀?"警察问道。

"没干什么,"索比说。

"那就跟我来,"警察说。

第二天早晨,警察局法庭的法官宣判道:"布莱克韦尔岛,三个月。"

指点迷津

《警察与赞美诗》是欧·亨利的代表作品之一,幽默风趣、辛辣讽刺、构思奇特、情节曲折多变,是这篇小说的艺术特色。小说描写一个无家可归的流浪汉,为进监狱得以安身而故意犯罪，几次惹是生非都没有达到目的，后来想改邪归正，警察却逮捕了他。

欧·亨利的幽默举世公认。在《警察和赞美诗》一文中，许多描写都体现出了这一风格。无论是在选词造句、塑造人物性格或是情节构思方面，他的幽默都紧紧抓住了托诙谐寄意这一要旨。幽默的表现形式是多样的，其中之一就是作者巧妙地运用了事物发展过程中的“不合理性”。苏比曾几次惹是生非，想进监狱得以安身，可他总是“背运”。当苏比受到赞美诗的感化，欲改邪归正时，警察却以“莫须有”的罪名将他投入了监狱。主人公的反常心理，跌宕起伏的情节，出乎意料的结局，令人捧腹之余又辛酸不已。这就是黑色幽默的效果，也是美国当代文学中的一股潮流。

修身篇

古之欲明德于天下者，先治其国；欲治其国者，先齐其家；欲齐其家者，先修其身；欲修其身者，先正其心，欲正其心者，先诚其意；欲诚其意者，先致其知；致知在格物。

——《大学》

论语(节选)

《论语》

子贡曰:君子之过也,如日月之食焉。过也,人皆见之;更也,人皆仰之。

译文:子贡说,一个大丈夫有过错,就好像日食月食一样。犯了错误,大家都看得见;能够勇于改过,大家也看得见,仍然仰慕。

子曰:君子不重则不威,学则不固,主忠信,无友不如己者,过则勿惮改。

译文:孔子说君子如果不庄重,就没有威严;即使读书,所学的也不会巩固。要以忠和信两种道德为主.不要跟不是知己的人交朋友。有了过错,就不要怕改正。

指点迷津

第一则是说,君子不怕有过错,不要自己去掩饰,错了就坦率承认,这是君子风度,只要能够改过,人家就像对太阳、月亮一样,仍然会仰望他的光明。

第二则是说,君子要庄重,尽量避免错误,要讲求忠和信。否则,人们就不会敬仰他了。

这二则主要强调修身的方法:严格要求自己,己身正,才可以被别人仰慕,作为楷模。

修身(节选)

荀　子

见善,修然必以自存也,见不善,愀然必以自省也。善在身,介然必以自好也;不善在身,菑然必以自恶也。故非我而当者,吾师也;是我而当者,吾友也;谄谀我者,吾贼也。故君子隆师而亲友,以致恶其贼。好善无厌,受谏而能诫,虽欲无进,得乎哉?小人反是,致乱而恶人之非己也,致不肖而欲人之贤己也,心如虎狼,行如禽兽,而又恶人之贼己也。谄谀者亲,谏争者疏,修正为笑,至忠为贼,虽欲无灭亡,得乎哉?《诗》曰:“噏噏呰呰,亦孔之哀。谋之其臧,则具是违;谋之不臧,则具是依。”此之谓也。

译文:看到善良的行为,一定一丝不苟地拿它来对照自己;看到不好的行为,一定心怀恐惧地拿它来反省自己。善良的品行在自己身上,一定因此而坚定不移地爱好自己;不良的品行在自己身上,一定因此而被害似地痛恨自己。所以能够对我提出妥善批评的人,就是我的老师;能够对我作出正确肯定的人,就是我的朋友;阿谀奉承我的人,就是害我的贼人。君子尊崇老师、亲近朋友,而极端憎恨那些贼人;爱好善良的品行永不满足,受到劝告就能警惕,即使不想进步,这有可能么?小人则与此相反,自己极其昏乱,却还憎恨别人对自己的责备;自己极其无能,却要别人说自己贤能;自己的心地像虎狼,行为像禽兽,却又恨别人指出其罪恶;对阿谀奉承自己的就亲近,对规劝自己改正错误的就疏远,把善良正直的话当作对自己的讥笑,把极端忠诚的行为看成是对自己的戕害,这样的人即使想不灭亡,这有可能么?《诗经》里这样说道:“乱加吸取乱诋毁,实在令人很可悲。谋划本来很完美,偏偏把它都违背;谋划本来并不好,反而来依照执行。”就是说的这种小人。

指点迷津

荀子(约公元前 313—前 238),战国末期赵国思想家,名况,时人尊而号为“卿”,西汉时因避汉宣帝刘询讳,“荀”与“孙”二字古音相通,故又称孙卿。著名思想家、文学家、政治家,儒家代表人物之一,曾三次出齐国稷下学宫的祭酒,后为楚兰陵(今山东兰陵)令。荀子对儒家思想有所发展,提倡性恶论,其学说常被后人拿来跟孟子的“性善说”比较,荀子对整理儒家典籍也有相当重要的贡献。

本段阐述的是人们对善与不善应采取的态度,指出君子隆师亲友、好善不厌,因而能够取得成功。什么是善以及致善的具体方法呢?文中指出通过修身使品德高尚是公认的善,而修身则必须在礼的制约下完成,掌握具体的修身方法,也离不开礼和老师。

礼记·大学(节选)

《礼记》

古之欲明明德于天下者,先治其国;欲治其国者,先齐其家;欲齐其家者,先修其身;欲修其身者,先正其心;欲正其心者,先诚其意;欲诚其意者,先致其知,致知在格物。物格而后知至,知至而后意诚,意诚而后心正,心正而后身修,身修而后家齐,家齐而后国治,国治而后天下平。

译文:古代那些要想在天下弘扬光明正大品德的人,先要治理好自己的国家;要想治理好自己的国家,先要管理好自己的家庭和家族;要想管理好自己的家庭和家族,先要修养自身的品性;要想修养自身的品性,先要端正自己的思想;要端正自己的思想,先要使自己的意念真诚;要想使自己的意念真诚,先要使自己获得知识,获得知识的途径在于认知研究万事万物。通过对万事万物的认识研究,才能获得知识;获得知识后,意念才能真诚;意念真诚后,心思才能端正;心思端正后,才能修养品性;品性修养后,才能管理好家庭家族;家庭家族管理好了,才能治理好国家;治理好国家后天下才能太平。

指点迷津

《礼记》又名《小戴礼记》《小戴记》,据传为西汉礼学家戴圣所编,是中国古代一部重要的典章制度选集,共二十卷四十九篇,主要记载了先秦的礼制,体现了先秦儒家的哲学思想(如天道观、宇宙观、人生观)、教育思想(如个人修身、教育制度、教学方法、学校管理)、政治思想(如以教化政、大同社会、礼制与刑律)、美学思想(如物动心感说、礼乐中和说),是研究先秦社会的重要资料,是一部儒家思想的资料汇编。

《礼记》章法谨严,映带生姿,文辞婉转,前后呼应,语言整饬而多变,是"三礼"之一、"五经"之一,"十三经"之一。自西汉郑玄作"注"后,《礼记》地位日升,至唐代时尊为“经”，宋代以后，位居“三礼”之首。《礼记》中记载的古代文化史知识及思想学说，对儒家文化传承、当代文化教育和德性教养，及社会主义和谐社会建设有重要影响。

修身：简单地说，就是完善自己，行为有规范。

齐家：就是管理好一个家族、成为宗族的楷模，效仿学习的样板。

治国：就是治理好一个小小的诸侯国，而不是我们现代意义的国家。要知道，古代的诸侯国是要对周王室负责的，也就是我们平时所说的“邦”。

平天下：就是安抚天下黎民百姓，使他们能够丰衣足食、安居乐业，而不是用武力平定天下。

爱莲说

周敦颐

水陆草木之花，可爱者甚蕃。晋陶渊明独爱菊。自李唐来，世人甚爱牡丹。予独爱莲之出淤泥而不染，濯清涟而不妖，中通外直，不蔓不枝，香远益清，亭亭净植，可远观而不可亵玩焉。

予谓菊，花之隐逸者也；牡丹，花之富贵者也；莲，花之君子者也。噫！菊之爱，陶后鲜有闻。莲之爱，同予者何人？牡丹之爱，宜乎众矣！

指点迷津

注释

(1)说：一种议论文的文体，可以直接说明事物或论述道理，也可以借人、借事或借物的记载来论述道理。

(2)可爱：值得怜爱。

(3)自：自从。

(4)淤(yū)泥：污泥。

(5)濯(zhuó)：洗涤。

(6)清涟(lián)：水清而有微波，这里指清水。

(7)妖：美丽而不端庄。

(8)通：贯通；通透。

(9)直：挺立的样子。

(10)不蔓(màn)不枝：不生蔓，不长枝。

(11)香远益清：香气远播，愈加使人感到清雅。

(12)亭亭净植：笔直地洁净地立在那里。亭亭：耸立的样子。

(13)可：只能。

(14)亵玩:玩弄。

(15)谓:认为。

(16)隐逸者:指隐居的人。在封建社会里,有些人不愿意跟统治者同流合污,就隐居避世。

(17)君子:指道德品质高尚的人。

(18)菊之爱:对于菊花的喜爱。之:语气助词,的。

(19)鲜(xiǎn):少。

(20)闻:听说。

(21)同予者何人:像我一样的还有什么人呢?

(22)宜乎众矣:(爱牡丹的)应当有很多人吧。

周敦颐(1017—1073),北宋著名哲学家,是学术界公认的宋明理学开山鼻祖。"两汉而下,儒学几至大坏。千有余载,至宋中叶,周敦颐出于舂陵,乃得圣贤不传之学,作《太极图说》《通书》,推明阴阳五行之理,明于天而性于人者,了若指掌。"《宋史·道学传》将周敦颐创立理学学派提高到了极高的地位。

《爱莲说》是我国古代散文之精品。全文119字,结构严谨,笔意超越,言简意赅,情景交融,其采用"借影"笔法,以莲自喻,有着深邃的思想内容。

正如《爱莲说》所表达的一样,周敦颐虽身居官场,却始终未曾放弃读书治学,著书立说,教育青年提携后进。宋代著名哲学家、教育家程颐、程颢,便是他在赣州一手培养出来的弟子。他做官也和别人不同,清廉勤勉。《爱莲说》据传系他一次游览于都罗汉岩之后所作。

附

弟 子 规

李毓秀

总叙

弟子规 圣人训 首孝悌 次谨信 泛爱众 而亲仁 有余力 则学文

入则孝

父母呼 应勿缓 父母命 行勿懒 父母教 须敬听 父母责 须顺承
顺则温 夏则清 晨则省 昏则定 出必告 反必面 居有常 业无变
事虽小 勿擅为 苟擅为 子道亏 物虽小 勿私藏 苟私藏 亲心伤
亲所好 力为具 亲所恶 谨为去 身有伤 贻亲忧 德有伤 贻亲羞
亲爱我 孝何难 亲憎我 孝方贤 亲有过 谏使更 怡吾色 柔吾声
谏不入 悦复谏 号泣随 挞无怨 亲有疾 药先尝 昼夜侍 不离床
丧三年 常悲咽 居处变 酒肉绝 丧尽礼 祭尽诚 事死者 如事生

出则弟

兄道友 弟道恭 兄弟睦 孝在中 财物轻 怨何生 言语忍 忿自泯
或饮食 或坐走 长者先 幼者后 长呼人 即代叫 人不在 己即到
称尊长 勿呼名 对尊长 勿见能 路遇长 疾趋揖 长无言 退恭立
骑下马 乘下车 过犹待 百步余 长者立 幼勿坐 长者坐 命乃坐
尊长前 声要低 低不闻 却非宜 进必趋 退必迟 问起对 视勿移
事诸父 如事父 事诸兄 如事兄

谨

朝起早 夜眠迟 老易至 惜此时 晨必盥 兼漱口 便溺回 辄净手
冠必正 纽必结 袜与履 俱紧切 置冠服 有定位 勿乱顿 致污秽
衣贵洁 不贵华 上循分 下称家 对饮食 勿拣择 食适可 勿过则

年方少　勿饮酒　饮酒醉　最为丑　步从容　立端正　揖深圆　拜恭敬
勿践阈　勿跛倚　勿箕踞　勿摇髀　缓揭帘　勿有声　宽转弯　勿触棱
执虚器　如执盈　入虚室　如有人　事勿忙　忙多错　勿畏难　勿轻略
斗闹场　绝勿近　邪僻事　绝勿问　将入门　问孰存　将上堂　声必扬
人问谁　对以名　吾与我　不分明　用人物　须明求　倘不问　即为偷
借人物　及时还　后有急　借不难

信

凡出言　信为先　诈与妄　奚可焉　话说多　不如少　惟其是　勿佞巧
奸巧语　秽污词　市井气　切戒之　见未真　勿轻言　知未的　勿轻传
事非宜　勿轻诺　苟轻诺　进退错　凡道字　重且舒　勿急疾　勿模糊
彼说长　此说短　不关己　莫闲管　见人善　即思齐　纵去远　以渐跻
见人恶　即内省　有则改　无加警　唯德学　唯才艺　不如人　当自砺
若衣服　若饮食　不如人　勿生戚　闻过怒　闻誉乐　损友来　益友却
闻誉恐　闻过欣　直谅士　渐相亲　无心非　名为错　有心非　名为恶
过能改　归于无　倘掩饰　增一辜

泛爱众

凡是人　皆须爱　天同覆　地同载　行高者　名自高　人所重　非貌高
才大者　望自大　人所服　非言大　己有能　勿自私　人所能　勿轻訾
勿谄富　勿骄贫　勿厌故　勿喜新　人不闲　勿事搅　人不安　勿话扰
人有短　切莫揭　人有私　切莫说　道人善　即是善　人知之　愈思勉
扬人恶　即是恶　疾之甚　祸且作　善相劝　德皆建　过不规　道两亏
凡取与　贵分晓　与宜多　取宜少　将加人　先问己　己不欲　即速已
恩欲报　怨欲忘　报怨短　报恩长　待婢仆　身贵端　虽贵端　慈而宽
势服人　心不然　理服人　方无言

亲仁

同是人　类不齐　流俗众　仁者希　果仁者　人多畏　言不讳　色不媚
能亲仁　无限好　德日进　过日少　不亲仁　无限害　小人进　百事坏

余力学文

不力行　但学文　长浮华　成何人　但力行　不学文　任己见　昧理真

读书法　有三到　心眼口　信皆要　方读此　勿慕彼　此未终　彼勿起

宽为限　紧用功　工夫到　滞塞通　心有疑　随札记　就人问　求确义

房室清　墙壁净　几案洁　笔砚正　墨磨偏　心不端　字不敬　心先病

列典籍　有定处　读看毕　还原处　虽有急　卷束齐　有缺坏　就补之

非圣书　屏勿视　蔽聪明　坏心志　勿自暴　勿自弃　圣与贤　可驯致

指点迷津

《总叙》解说：

至乐莫如读书，至要莫如教子。

《弟子规》这本书是学童们的生活规范，他是依据至圣先师孔子的教诲编成的。

首先，在日常生活中要做到孝敬父母，友爱兄弟姐妹；其次，言行要谨慎，要讲信用；和大众交往时要平等仁和，要时常亲近有仁德的人，向他学习。以上这些事是学习的根本，非做不可。如果还有余遐，更应努力地学习礼、乐、射、御、书、术等六艺，各种经典，以及其他有益的学问。

《入则孝》解说：

孝悌是中国文化的基础，古人云："百善孝为先"。一个人能够孝顺，他就有一颗善良仁慈的心，有了这份仁心，就可以利益许许多多的人。在家中，父母叫唤我们时，应该一听到就立刻回答，不要慢吞吞的答应。父母有事要我们去做，要赶快行动，不要借故拖延，或者懒得去做。父母要我们学好而教导我们时，必须恭敬而不可随便，要将话听到心里。我们犯错了，父母责备我们，应当顺从并且承担过失，不可忤逆他们，让他们伤心。为人子女，冬天要留意父母亲穿的是否温暖，居处是否暖和。夏天，要考虑父母是否感到凉爽。每早起床，一定要看望父母亲，请问身体是否安好；傍晚回来了，也一定要向父母亲问安。外出时，先告诉父母要到哪里去，回家以后，一定面见父母亲，让他们感到心安。日常生活起居作息有一定的秩序，而且对于所从事的事情，不随便改变。事情虽然很小，不要擅自做主而不禀告父母，假如任意而为，就有损于为人子女的本分，东西虽然很小，也不要背着父母，偷偷地私藏起来，被父母知道了，父母心里一定十分难过。父母亲所喜爱的东西，当子女的都应尽力准备齐全，父母所厌恶的，都该小心排除。万一我们的身体受到伤害，一定会给父母亲带来忧愁，我们的品格有了缺失，会让父母亲感到羞辱、没有面子。父母亲爱护子女，子女能孝顺父母亲，那是极其天然的事，这样的孝顺又有什么困难呢？如果父母亲讨厌我们，却还能够用心尽孝，那才算得是难能可贵。一般人总认为，父母要对子女有所付出后，子女才要有行孝的义务，这和菜市场的讨价还价有什么两样呢？父母亲有了过失，当子女的一定要劝谏改正，而劝谏的时候，绝对不可板着面孔，声色俱厉，脸色要温和愉悦，话语要柔顺平和。假如父母亲不接受我们的劝谏，那要等到父母高兴的时候再劝谏。若父母亲仍固执不听，有孝心的人不忍父母亲陷于不义，甚至放声哭泣，来恳求父母改过，即使招父母亲责打也毫无怨言、父母亲有了疾病，熬好的汤药，做子女的一定要先尝尝，是否太凉或太热。不分白天或夜晚，都有应该侍奉在父母身边，不可随意离开父母太远，在父母重病时，最需要有人照顾，尤其是自己的子女能在身边陪伴，照顾起居，是父母心中最感温暖与满足的。在父母临终病重之际，为人子女的我们，岂能因为事业忙，或没有时间，而放弃这种机会呢？当父母不幸去世，必定要守丧三年，守丧期间，因为思念父母就常常悲伤哭泣起来，自己住的地方也改为简朴，并戒除喝酒、吃肉的生活享受。办理父母的丧事要依照礼仪，不可草率马虎，祭祀时要尽到诚意。对待已经去世的父母亲，要像对待父母生前一样的恭敬。为什么要这样做呢？孔子说："孩子生下来三年之久，才离开父母的怀抱，能够自己走自己吃，让父母稍稍松一口气，当子女的，我们在父母去世后，为什么就不能在三年的丧期中时时刻刻想念父母，爱念父母呢？"人生在世父母与我们最亲，给我们的恩情也最重，努力学习侍奉父母的礼节，把孝道当成一项大事业，用心经营，才能立足于天地之间。父慈子孝，不一定让我们的家富裕有钱，不一定有花园别墅可以住，但是，孝行却可以建立天然和谐的秩序，让我们活在安和乐逸的环境中。家，如果是一个人的堡垒，孝，就是堡垒下的基石。多一份孝心，家就多一份保障，让我们用孝行把家固若金汤堡垒。《弟子规》这些规矩，看似平常无奇，但是，如果我们认真去实行，那带给父母亲的欢欣快乐。可不是有性的东西可以媲美的哟。现在我们在家庭就能培养出这么好的言行举止，将来自然会有意想不到的收获。

《出则弟》解说：

出则弟，说的是家中兄弟相处之道，以及如何和长辈在一起的规矩。在这些规范中，训练小孩谦恭有礼，懂得尊重别人，自然容易融入团体，为大家所接纳。当哥哥姐姐的要能友爱弟妹，做弟妹的应做到恭敬兄姐，这样兄弟姐妹就能和睦而减少冲突，父母心中就快乐。在这和睦当中就存在孝道。把身外所用的钱财物品看轻点，少计较，兄弟之间就不会产生怨恨；讲话时不要太冲动，伤感情的话要能忍住不说，那么不必要的冲突怨恨就会消失无踪。日常饮食起居中，有人认为孩子还小，和长辈相处在一起，不要太过要求他们，长大自然就适应了，甚至对孩子宠爱有加，把好吃好用的先给小孩享用，以致小孩认为这样是理所当然的，不知道要礼让长辈，因而误导孩子养成坏的习惯。而《弟子规》却指导我们，不要因为大人的宠爱而忽略了应从小培养礼让的美德，不管是吃东西或喝饮料，要请长辈先用；如果和长辈坐在一起，要请长辈先坐；如果和长辈走在一起，应让长辈先走。长辈呼叫人时，自己听见了，要替长辈去传唤，如果所叫的人不在时，自己应当回来报告长辈，更能进一步请问长辈，有没有需要帮忙的事情。称呼长辈时，不可以直呼长辈的名字，那是不礼貌的行为；在长辈面前，不要表现自己很有才能，藐视长辈。走路时遇见长辈，要赶紧走上前去行礼问候，如果长辈没和我们说话时，就先退在一旁恭恭敬敬地站着，让长辈先走过去。如果自己是骑马的，遇到长辈就应该下马，如果乘坐车辆就应该下车，让长辈先过去，等待大约离我们百步的距离以后，自己才上马或上车。如果长辈还站着，年幼的我们不应先坐下来，如果长辈坐着，允许我们坐下时才可以坐下。在长辈面前讲话，声音要低，但是回答的声音，低到听不清楚，那也不适当，要和颜悦色，声音要柔和清楚才好。进见长辈时走路要快点，动作表现得很礼节，等到告退时，要慢慢退出。长辈问话时，要站起回答，眼神注视长辈，不要左右移动。对待叔叔伯伯，要像对待自己的父亲一样恭敬，对待同族兄长，要像对待自己的胞兄一样友爱。

《谨》解说：

为人子，早上要尽量早起，晚上要晚点睡觉，因为人生的岁月很有限，光阴容易消逝，少年人一转眼就是老年人了，所以我们要珍惜现在宝贵的时光。每天早上起床必须先洗脸，然后刷牙漱口，解完大小便以后把手洗干净，这样才是讲究卫生的好孩子。出门帽子要戴端正，穿衣服要把纽扣扣好；袜子和鞋子都要穿得贴切，鞋带要系紧，这样全身仪容才整齐。脱下来的帽子和衣服应当放置在固定的位置，不要随手乱丢乱放以免弄皱弄脏。穿衣服注重的是整齐清洁，不在衣服的昂贵华丽，而且要依照自己的身份穿着，也要配合家庭的经济状况。对于食物不要挑剔偏食，而且要吃适当的分量，不要吃过量。我们年纪还小尚未成年，更不该尝试喝酒，因为喝醉了丑态百出，最容易表现出不当的言行。走路时脚步要从容不迫，站立的姿势要端正。注意行礼时要把身子深深地躬下，跪拜时要恭敬尊重。进门时不要踩到门槛，站立时要避免身子歪曲斜倚，坐着时不要双脚展开簸箕，或者是虎踞的样子，也不要抖脚或摇臀，这样才能表现优雅怡人的姿态。进门的时候慢慢地揭开帘子，尽量不发出声响，走路转弯时与棱角要远一点，保持较宽的距离，才不会碰到棱角伤了身体；拿空的器具要像拿盛满的一样小心，进到没人的屋子里，要像进到有人的屋子里一样。做事不要匆匆忙忙，匆忙就容易出错，遇到该办的事情不要怕困难，而犹豫退缩，也不要轻率随便而敷衍了事。容易发生打斗的场所，我们不要靠近逗留；对于邪恶怪僻的事情，不必好奇地去追问。将要入门之前先问一下："有人在吗"？将要走进厅堂时，先放大音量要让厅堂里的人知道；假使有人请问："你是谁"，回答时要说出自己的名字，如果只说"吾"或是"我"，对方就听不清楚到底是谁。我们要使用别人的物品，必须事前对人讲清楚，如果没有得到允许就拿来用，那就相当于偷窃的行为。借用他人的物品用完了要立刻归还，以后遇到急用再向人借时，就不会有太多的困难。这些平常语言行为的要则，让我们即知即行，掌握自己，使处事更有效率，待人更为和谐，创造一个身心调和的环境。如果我们一时做不到也不必气馁，只要能清楚的辨别方向，认同圣贤的教化，肯用功夫慢慢地琢磨，就像璞石也能慢慢地呈现出美玉来。

《信》解说：

凡是开口说话，首先要讲究信用，欺诈不实的言语，在社会上可以永远行得通吗？话说得多不如说得少，凡事实实在在，不要讲些不合实际的花言巧语，另外，奸邪巧辩的言语，脏不雅的词句及无赖之徒通俗的口气，都要切实戒除掉。还未看到事情的真相，不轻易发表意见，对于事情了解得不够清楚，不轻易传播出去，觉得事情不恰当，不要轻易答应，如果轻易答应就会使自己进退两难。谈吐说话要稳重而且舒畅，不要说得太快太急，或者说得字句模糊不清，让人听得不清楚或会错意。遇到别人谈论别人的是非好坏时，如果与己无关就不要多管闲事。看见他人的优点行为，心中就升起向他看齐的好念头，虽然目前还差得很远，只要肯努力就能渐渐赶上。不论大善或小善，都要有思齐的信心和力行的勇气，小善切戒轻呼不做，而行大善的机会来了也要及时把握，尽心尽力勉强而之。看见他人犯了罪恶的时候，心里先反省自己，如果也犯同样的过错，就立刻改掉，如果没有就更加警觉不犯同样的过错。当道德学问和才艺不如他人时，应该自我督促努力赶上，至于穿的衣服和吃的饮食不如他人时，可以不用担心、郁闷。听见别人说我的过错就生气，称赞我就高兴，这样不好的朋友就会越来越多，真诚有益的朋友就不敢和我们在一起。如果听到别人称赞我先自我反省，生怕自己没有这些优点，只是空有虚名；当听到别人批评我的过错时，心里却欢喜接受，那么正直诚实的人就越喜欢和我们亲近。不是有心故意做错的，称为过错；若是明知故犯的，便是罪恶。不小心犯了过错，能勇于改正就会越改越少，渐归于无过，如果故意掩盖过错，那反而又增加一项掩饰的罪过了。

《泛爱众》解说：

对于大众有关怀爱护的心，如同苍天与大地，绝对没有私心，不论好人、坏人、聪明、愚笨、宝贵、贫贱、种族国界都一样给予保护和承载，纯是一片仁慈之心，不为名利毫无虚假。正是“天同覆，地同载”的大同境界。泛爱众的人人君子，他的心中有人我一体的观念，所以肯放下滔滔私心，关怀大众，我们若处处学着仁厚待人，在德行上改过修养，守住人的品格，并深入学习各项才艺，相信也能做出一份番利益大众的事业。品行高尚的人，名声自然高，人们所敬重的是德行，并不是论外貌是否出众；才能大的人声望自然大，人们所信服的是真才，并不是只会发表言论。自己有能力做的事情，不要自私保守；看到别人有才华，应该多加赞美肯定，不要因为嫉妒而贬低别人。对富有的人态度不谄媚求荣；对贫穷的人不表现出骄傲自大的样子，不厌恶不嫌弃亲戚老友，也不一味喜爱新人新朋友。至圣先师孔子教导我们，贫穷的人除了不谄媚迎合外，能够在道德上自得其乐更好，富有的人不但不以骄傲的心态妨碍他人，更要爱好礼节，恭敬大众。贫和富只是生活方式不同而已，都要学习礼节充实各项才能，发挥人我一体的仁心，才能营造一个“贫而乐，富而好礼”的幸福社会。他人有事，忙得没有空暇，就不要找事搅乱他；对方身心很不安定，我们就不再用闲言碎语干扰他。别人的短处绝对不要揭露出来，别人有秘密不想让人知道，我们就不要说出来。赞美别人的善行，就等于是自己行善，因为对方知道了，就会更加勉励行善；宣扬别人的过恶，就等于自己作恶，如果过分地憎恶，就会招来灾祸。行善能相互劝勉，彼此都能建立良好的德行，有了过错而不相互规劝，相方都会在品行上留下缺陷。和人有财物上的往来，应当分辨清楚不可含糊。或者，财物只与他人应该慷慨多布施；取用别人的财物就应少取一些；有事要托人做或有话要和人说，先问一问自己是不是喜欢，如果自己不喜欢就应立刻停止。他人对我有恩惠，应时时想回报他；不小心和人结了怨仇，应求他人谅解，及早忘掉仇恨，报怨之心停留的时间越短越好，但是报答恩情的心意却要长存不忘，对待家中的侍婢和仆人，本身行为要注重端正庄重不可轻浮随便，若能进一步做到仁慈、宽厚，那就更完美了。权势可以获使人服从，虽然表面上不敢反抗，心中却不以为然。唯有以道理感化对方，才能让人心悦诚服而没有怨言。虽然现在也很少有人用婢仆，但是上下尊卑的关系仍然处处可见，让我们一起来学习仁德君子的泛爱众，多为大众着想,共同营造一个相互关怀、相互体谅的温馨社会.

《亲仁》解说:

同样都是人,类别却不一定整齐,就一般说,跟着潮流走的俗人占了大部分,而有仁德的人却显得稀少。对于一位真正的仁者,大家自然敬畏他,仁者说话不会故意隐讳扭曲事实,脸色态度也不会故意向人谄媚求好。能够亲近仁者,向他学习就会得到无限的好处,自己的品德自然进步,过错也跟着减少。如果不肯亲近仁者,无形中就会产生许多害处,小人会乘虚而入,围绕身旁,事情就会弄得一败涂地。

《余力学文》解说:

对于孝、弟、谨、信、泛爱众、亲仁这些应该努力实行的本分,却不肯力行,只在学问上研究探索,这样最容易养成虚幻浮华的习性,怎能成为一个真正有用的人呢?相对的,如果只重力行,对于学问却不肯研究,就容易执着自己的看法,而无法契合真理,这也不是我们所应有的态度。今日普遍流行诋毁圣贤的风气,怀疑古人,藐视伦常大道。尤其是基本的孝道,近几年来,更被视为呆板落伍,大家虽有心改革社会乱象,也动用大批的人力物力倡导,终因伦常观念被大家忘失太久了,使得社会秩序无法整顿起来。孔子曾指出:“立志、自立、立仁的君子要广博的研究各种学问,然后用礼节来约束言行,这样一个具有知识和礼节的君子,他的言行就不至于太离谱了。”《弟子规》把礼的内容具体化,只要循着《弟子规》来实践,兼学各种经典和生活知识,就能拥有高远的智慧和实践的勇气,智勇双全的人,必然不会偏离正道,正道就是直路,很快便能到达目标。读书的方法要注重三到,就是心到、眼到、口到。这三到都要实实在在的做到。读书时正在读这一段,就不要想到别段,这段还未读完读通,不要因为没有兴趣,失去了好奇心,就跳到另一段,而东翻西阅,不肯定下心来,按部就班的读完。读书时要有规范,读一本书或一门功课,要有比较宽裕的期限,但是不能因为时间有多余,就等期限快到了才开始读,一急之下反而耽误事情,所以一规划好就要赶紧用功。遇到滞塞难通的地方,更要专心研究,只要功夫到了,自然就能通达了解,这正是所谓书读千遍,其意自现。有疑问的地方,经反复思考,还不能了解的话,就用笔把问题记下来,向有关的师长请教,一定要得到正确的答案才可放过。书房要整理得简单清洁,四周墙壁保持干净,书桌清洁干净,所用的笔和砚台要摆放端正,在砚台上磨墨,如果墨条磨扁了,就是存心不端正,写字若随便不公正,就是心里先有了病,排列经典图书,要安放在固定的地方,读完以后立刻归还原处,即使发生紧急的事也要先收拾整齐以后才能离开。遇到书本有残缺损坏时,应立刻补好保持完整,你爱书,书爱你,自有一分恭敬在其中，一分恭敬就有一分收获，十分恭敬就有十分收获。如果不是传输圣贤道理的书籍，一概摒除一旁不要理它，因为书里面不正当的事理会蒙蔽我们的聪明智慧，会败坏我们纯正的志向。不要自以为是而狂妄自大，也不要自甘堕落而放弃自己，圣贤的境界的虽高，但只要按部就班，循序渐进，人人都可到达。处在蒙昧年幼之时，若采要正正当当的教材，配合优良的环境，来培养学习，就能造就圣贤。《弟子规》所讲的道理，正是圣人的训诲，从入则孝、出则弟、谨而信、泛爱众，亲仁及余力学文着手，在日常生活中的伦常做起，经家庭扩及学校、社会，最能孕育出正人君子的品行。所以这本书应该认真的反复读诵，深入内心，当成个人反省的镜子及行为的指针。